AUTISMO

Capa: Criação: Luiz Boralli

Fotos: Capa: Ana Clara Rodrigues Boralli Dias

Orelhas: EVENTO PUC-SP: Carol Boralli / Profª Dra. Ivani Fazenda com Eliana Boralli: Acervo AUMA

Outras fotos: Hilton Ribeiro, Norma Guimarães, Marcio Domingues e outros.

Desenhos: Luiz Boralli, Ana Cristina P. Gomes Aldenucci, Silvia Maria Martin Prado e Potiguara Alves da Costa

Editoração Eletrônica: Valentina Ljubtschenko

Revisão de Texto: Vilma Terezinha Liberato Gerab

ELIANA BORALLI

AUTISMO

TRABALHANDO COM A CRIANÇA E COM A FAMÍLIA

5ª Edição

EDICON

CIP-BRASIL. CATALOGAÇÃO NA PUBLICAÇÃO
SINDICATO NACIONAL DOS EDITORES DE LIVROS, RJ

B717a
5. ed.

Boralli, Eliana
Autismo : trabalhando com a criança e com a família / Eliana Boralli. - 5. ed. - São Paulo : Edicon, 2019.
192 p. : il. ; 21 cm.

Inclui bibliografia
ISBN 978852901113-4

1. Educação especial. 2. Crianças autistas - Educação. 3. Educação inclusiva. 4. Estratégias de aprendizagem. 5. Crianças autistas - Relações com a família. I. Título.

19-55897 CDD: 371.94
CDU: 376-056.3

Vanessa Mafra Xavier Salgado - Bibliotecária - CRB-7/6644
18/03/2019 20/03/2019

EDICON
Editora e Consultoria Ltda-EPP
Edicon Editora
3255-1002 3255-9822
edicon@edicon.com.br
www.edicon.com.br
Rua Herculano de Freitas, 181
São Paulo - SP 01308-020

ASSOCIAÇÃO DOS AMIGOS DA CRIANÇA AUTISTA - AUMA
R. César Zama, 257 - Alto de Santana - SP Cep 02406-030
Fones: (11) 3384-6184/ 3384-6180
Site: www.auma.org.br E-mail: autismo@uol.com.br

Sumário

À Nathália,

Minha tão amada filha e,
por tantas vezes,
minha maior mestra e incentivadora.
Com ela aprendi a "amar as diferenças".

Ao Geraldo,
Meu amado esposo,
companheiro e aliado de todas as horas.

AGRADECIMENTOS

A Deus, por ter me dado saúde, coragem, forças e abnegação na realização desta tão preciosa tarefa, que sem sombra de dúvida tornou-me um ser humano melhor.

À meus Pais Antonio Boralli e Maria Aparecida
Rodrigues Boralli, meus maiores e melhores
amigos, conselheiros e companheiros...
Exemplos de dignidade, caráter e sabedoria.

A todas as crianças autistas e suas famílias, com as quais tanto aprendi. Em especial às da AUMA.

À equipe técnica da Associação dos Amigos da Criança Autista – AUMA que no dia a dia torna possível a concretização dos trabalhos.

"Janelinha".... "Da Alma"... (AUMA)
Sopro de Ar... Controle Remoto...
Tudo se quebra quando vai ao chão!

Nathália Boralli Lopes
07.09.2005

Foto: Ana Clara R. Boralli Dias

SOBRE A INTERDISCIPLINARIDADE

No dia 15 de Março de 2018, recebi o título de Mestre em Educação pela Pontifícia Universidade Católica de São Paulo, tendo como linha de pesquisa a interdisciplinaridade.

A interdisciplinaridade foi a linha escolhida, porque após anos de busca por um caminho que fundamentasse a minha prática encontrei sintonia em seus fundamentos e princípios na medida em que

> [...] a premissa que mais fundamentalmente predomina é a do respeito ao modo de ser de cada um, ao caminho que cada um empreende em busca de sua própria autonomia (FAZENDA, 2001, p. 86).

Durante os dois anos que antecederam minha entrada no mestrado da PUC-SP, li livros e assisti aulas daquela que seria minha orientadora, a Professora Doutora Ivani Fazenda. E quanto mais eu aprendia, mais tinha convicção de que meu trabalho era Interdisciplinar. Mas para isto ele precisaria ser submetido a uma pesquisa científica. Como de fato o foi.

Convido então você leitor, para fazer este caminho comigo no livro "AUTISMO - Limites e Possibilidades em uma Perspectiva Interdisciplinar" onde entrará em contato com alguns conteúdos como as questões neurológicas e comportamentais do autismo além de um aprofundamento do processo de aprendizado e de aspectos educacionais como também da aproximação com a interdisciplinaridade.

Sobre a Interdisciplinaridade Ivani Fazenda, no livro "Dicionário em Construção", enuncia os cinco princípios que "subsidiam uma prática docente interdisciplinar: humildade, coerência, espera, respeito e desapego" (FAZENDA, 2002, p. 11).

"AUTISMO - Limites e Possibilidades em uma Perspectiva Interdisciplinar", meu outro livro, é o registro de uma alquimia do saber com 30 anos de resultados significativos fundamentados na interdisciplinaridade, que sugiro a leitura pelas valiosas contribuições que foram geradas criando sempre possibilidades.

Fig. 2 – Johann Friedrich Herbart 1776 – 1841

O Augusto, codinome de Johann Friedrich Herbart, nasceu em 4 de maio de 1776 em Oldemburgo e faleceu em 11 de agosto de 1841 em Göttingen, na Alemanha. Foi um filósofo fundador da pedagogia como disciplina acadêmica. Realizou sua primeira experiência pedagógica aos vinte anos, como professor particular em Interlaken, na Suíça, período em que ficou amigo de Pestalozzi. O seu pensamento pedagógico se vincula fortemente às teorias de aprendizagem e à psicologia do desenvolvimento - um exemplo é a obra do suíço Jean Piaget (1896-1980). Em Königsberg, fundou um seminário pedagógico com uma escola de aplicação e um internato.

SOBRE A AUMA

A AUMA – Associação dos Amigos da Criança Autista – é uma entidade assistencial, sem fins lucrativos, fundada na cidade de São Paulo, em 25 de janeiro de 1990, que tem como objetivo maior, criar programas educacionais de adaptação e integração social de pessoas autistas.

Nasceu da dificuldade da Sra. Eliana Rodrigues Boralli em encontrar vaga para sua filha autista.

No início, foi tudo muito difícil. Os trabalhos foram desenvolvi- dos três meses na residência da Sra. Eliana. Depois, uma sala foi cedi- da em outra entidade (Auta de Souza) e, posteriormente, através da Campanha "Pingo de Gente" da Lorenzetti, adquiriu-se a primeira sede própria.

Em fevereiro de 1993, a Associação iniciou seu trabalho nesta sede, localizada à Rua Félix Pacheco, 91, no Alto de Santana, São Paulo. Dez anos depois, Janeiro de 2003, a sede foi transferida para um espaço maior. Agora, seu lugar definitivo. Uma chácara localizada à rua Cezar Zama, 257, alto de Santana (Mandaqui) São Paulo, terreno este conseguido através do Decreto Estadual Nº 45.929 de 20 de Julho de 2001. Neste espaço está funcionando o Centro Educacional da AUMA e está sendo construído o CIAA – Centro Integrado de atendimento ao Autista. Um local determinado para se transformar em centro de referência no atendimento educacional, tecnológico, científico e humano da pessoa autista.

Em 19-08-2010, após um longo período de lutas, a AUMA consegue que a Secretaria de Educação do Estado de São Paulo aprove o seu pedido de autorização de funcionamento do Ensino Fundamental – 1º ao 5º ano, modalidade Educação Especial, junto ao CEAACA – Centro Educacional da Associação dos Amigos da Criança Autista "Nathália Boralli", destinado ao atendimento exclusivo de alunos com TEA – Transtorno do Espectro Autista.

Hoje, depois de se ter transposto grande parte das dificuldades, a AUMA realiza inúmeras atividades do seu programa de atendimento social e entre elas estão:

a) Atendimento de orientação, encaminhamento e treinamento de familiares;
b) Capacitação e orientação de profissionais interessados e estudantes;
c) Esclarecimento à comunidade em geral, através da divulgação da temática autismo;

Consultoria à Secretarias de Educação Estaduais e Municipais na capacitação de profissionais das redes para a inclusão de pessoas autistas em ensino regular, como também à APAES e outras Entidades congêneres;

Atendimento educacional de pessoas autistas, um atendimento agora de escola reconhecida, onde os resultados poderão servir para pesquisas futuras e, acima de tudo, uma escola onde as pessoas são vistas e compreendidas simplesmente como alunos.

Fig. 3 – AUMA

Fig. 4 – Crianças em lazer no playground.

Fig. 5 – Crianças em lazer no playground.

Fig. 6 – Crianças em Lazer na quadra de esportes.

PREFÁCIO 5ª Edição

"A nossa mais elevada tarefa deve ser a de formar seres humanos livres que sejam capazes de, por si mesmos, encontrar propósito e direção para suas vidas." Essas palavras, proferidas pelo filósofo e educador Rudolf Steiner, representam o propósito defendido por Eliana Rodrigues Boralli Mota, estudiosa da causa do autismo, há mais de 30 anos, de maneira recalcitrante e dedicada.

Mestre em Educação, possui formação em Serviço Social e pós-graduação em Psicomotricidade. Formada também em Psicodrama Pedagógico e Pedagogia Waldorf, Eliana, que é mãe de uma autista de 33 anos, dedicou a maior parte de sua vida ao estudo, entendimento e aprimoramento de técnicas para aperfeiçoar o processo ensino/aprendizado de pessoas autistas.

Baseada em estudos antroposóficos, que posteriormente foi publicado como artigo científico, Eliana estudou "Os 12 Sentidos Humanos", concluindo que a alteração na decodificação sensorial de um autista ultrapassa os cinco sentidos que se tem conhecimento.

A obra "AUTISMO – Trabalhando com a Criança e com a Família" vem, em sua 5a edição, reiterar, de forma contundente, o compromisso que Eliana estabeleceu, há tantos anos, com profissionais, familiares, amigos e pessoas que convivem e desejam aprender os meandros que circundam o autismo.

Fundadora de uma associação para pessoas portadoras deste Transtorno, a AUMA – Associação dos Amigos da Criança Autista, que nasceu da extrema dificuldade de se encontrar vaga em escolas regulares e especializadas para sua filha, Nathália Boralli Lopes, Eliana relata, com maestria, experiências e vivências pessoais, muitas vezes, pautadas por dias de luta, que elucidam e contemplam conteúdos de forma pertinente e eficaz.

No decorrer dos capítulos, a autora interage com o leitor, indagando-o e instigando-o a pensar sobre posicionamentos e possibilidades, o que transforma a leitura em um processo interativo e satisfatório. É um livro ilustrativo, didático e guarnecido de informações importantes acerca do tema.

Neste exemplar, o autismo, que ainda é um distúrbio pouco difundido, tendo em vista o número de pessoas acometidas por ele, é esmiuçado, nas mais variadas formas, visto que ainda se enfrentam muitos óbices na divulgação da temática e na busca por intervenções favoráveis aos autistas. É preciso buscar atendimento e tratamento adequado, de uma forma abrangente e acessível, a uma parcela maior de indivíduos afetados, saindo da seara exclusiva de consultórios e clínicas particulares para tal.

Partindo dessa premissa, é defendida, o que o Dr. E. Christian Gauderer denominou de "Democratização do Agir", tratando-se de possibilidade de ação conjunta de todos os profissionais da saúde e da educação, contribuindo com seus conhecimentos para uma "interdisciplinariedade, evoluindo para uma transdisciplinariedade", sendo de extrema importância, também, a interação família X escola, ainda que de forma incipiente.

Nas páginas que seguem será possível encontrar orientações para elaboração de um planejamento pedagógico para um ensino personalizado, focado na educação direcionada para o pensar simultâneo ao fazer, enfatizando as potencialidades e minimizando as áreas em descompasso de cada criança portadora do transtorno do espectro autista (TEA), respeitando os limites e as individualidades de cada pessoa.

Essas classificações são realizadas através de processos avaliativos e acompanhamentos contínuos, e o procedimento de aprendizagem sugerido segue a estratégia de estruturação, previsibilidade ("o que", "quando", "onde", "como" e "por quanto tempo") e aspecto visual. São utilizadas estratégias milimetricamente elencadas e orientadas, recomendando atividades para crianças verbais e não-verbais.

Também é feito um programa de acolhimento e aconselhamento às famílias, principalmente em sua fase inicial, quando os sentimentos que surgem são: medo, impotência, solidão, revolta, dúvida, indecisão, insegurança, culpa, sofrimento etc. A busca por um diagnóstico, a saga da procura por uma vaga em escola especializada, o tratamento odontológico, a existência de crises, ainda que intermitentes, e como lidar com elas, tudo isso e muito mais é abordado de forma humana, audaz e meticulosa nas entrelinhas deste livro. Boa leitura!

Carol Boralli

Bacharela em Direito e Jornalista pela Universidade da Amazônia (UNAMA).
Autora do livro: MATERNIDADE & AUTISMO – A ligação umbilical que transformou vidas. 1ª ed. Belém: Ed. GTR, 2019.

THE UNIVERSITY OF NORTH CAROLINA
AT
CHAPEL HILL

Division TEACCH Administration and Research
Department of Psychiatry

(919) 966-2174
FAX: (919) 966-4127

CB# 7180, 310 Medical School Wing E
The University of North Carolina at Chapel Hill
Chapel Hill, North Carolina 27599-7180

October 21, 1996

Eliana Rodrigues Boralli Lòpes
Coordenadora Geral
Rua Felix Pacheco, 91 - Jd. Sao Paulo
Sao Paulo - SP - Brasil
Cep 02301-030

Dear Ms. Boralli Lopes:

Thank you for your letter of October 5. You are, of course, most welcome to use our materials in you work as many of our publications have been copyrighted for Spanish use.

If you are interested in sending one or two of your staff for training here, I am enclosing a sample schedule to give you an idea of cost and content.

Should you want a consultant or training team from here, you might best contact Dr. Gary Mesibov, Director, at the same address as mine.

Your interest is very much appreciated. With best wishes.

Sincerely,

Eric Schopler
Founder & Co-Director
Division TEACCH

TRANSTORNO DO ESPECTRO AUTISTA

O Transtorno do Espectro Autista se manifesta pela modificação na captação e organização sensorial dos 12 sentidos humanos (audição, visão, paladar, olfato, tato, sentido térmico, sentido orgânico, sentido sinestésico, sentido do equilíbrio, do pensamento, da fala e do eu), alterando o desenvolvimento das sete áreas do desenvolvimento infantil e humano (imitação, percepções, coordenação motora fina, coordenação motora global, integração viso motora, cognição e cognição verbal), na medida em que as desnivela inter e intra-áreas, o que por sua vez é observável pela modificação da comunicação social e do comportamento restrito e repetitivo.

O transtorno desorganiza e desestrutura o desenvolvimento provocando em 75% dos casos, deficiência intelectual concomitante.

Os dados estatísticos não são precisos e nem absolutos, podendo variar de 1 caso diagnosticado para cada 65 (sessenta e cinco) à 100 (cem) nascimentos.

É um transtorno encontrado em todo mundo e em famílias de toda configuração racial, étnica e social.

Não se conseguiu provar nenhuma causa psicológica no meio ambiente dessas crianças que possa causar autismo e o mesmo não tem prevenção.

ELIANA RODRIGUES BORALLI MOTA – 2008 / 2013

Características comportamentais da criança autista
desenhos de Luiz Boralli

Resiste a métodos normais de ensino

Risos e gargalhadas inadequadas

Ausência de medo de perigos reais

Aparente insensibilidade a dor

Não se aninha

Forma de brincar estranha e intermitente

Forma de brincar estranha e intermitente

Conduta distante e retraída

Indica suas necessidades através de gestos

Age como
se fosse surdo

Crises de choro e
extrema angústia por
razões não discerníveis

Gira objetos

Dificuldade em se mistu-
rar com outras crianças

Resiste a mudanças
de rotina

Habilidades motoras
fina/grossa
desniveladas

Hiperatividade física marcante
e extrema passividade

Ecolálico

Apego inadequado
a objetos

INTRODUÇÃO

Este trabalho nasceu da coragem, do amor e da certeza de que os homens têm entre si muito mais semelhanças do que diferenças sejam eles da maneira que forem e também da convicção de que sempre é possível se construir um mundo mais humano.

Entrei em contato com a realidade do autismo por questões muito pessoais. O fato é que esta temática me fez caminhar em direção a uma constante reflexão.

De 1943, quando o autismo recebeu sua denominação pelo Dr. Leo Kanner até agora, muito pouco se difundiu sobre o assunto em nossa sociedade. Algumas pessoas já ouviram falar, outras nunca. Ninguém sabe dizer ao certo o que é este distúrbio.

Mesmo dentro da comunidade científica, o número de profissionais especializados é escasso, frente à demanda acometida pelo autismo.

No meio de tantas opiniões e teorias, o que normalmente chega até nós são ideias difundidas no senso comum, dotadas muitas vezes de preconceitos ou concepções erradas, que nada têm a ver com a realidade do autismo. Foi justamente esta problemática, somada à ausência de bibliografia direcionada para a educação do autista e para o atendimento à sua família, dentro de uma experiência com inferências nacionais, que me motivou na elaboração deste livro. Realizando há anos um trabalho na Associação dos Amigos da Criança Autista – AUMA, percebi que precisávamos pensar sobre o que já vinha sendo feito e desenvolvido dentro e fora do Brasil.

Realizei inúmeros cursos e treinamentos com filosofia e tecnologia de vários países e fiz muita leitura paralela que me permitiram entrar em contato com diferentes abordagens de trabalho educacional para a criança especial e, principalmente, para a criança autista. Concluí que todos os trabalhos e abordagens tinham pontos interessantes e não-interessantes e que o trabalho que nós da AUMA realizaríamos se apoiaria em todas as características de cada trabalho que fossem consideradas um ponto forte.

Obviamente, esta junção de ideias passou por uma série de adaptações, que nada mais eram do que constatações de dados colhidos na observação e na prática do meu cotidiano. O objetivo deste trabalho é, então, fazer o registro destas constatações colhidas na prática através de uma abordagem diferenciada, que não se posiciona em momento algum contra ou na defesa apaixonada dessa ou daquela abordagem, desse ou daquele método.

Avessa a uma postura radical, prefiro manter-me sempre aberta a novas perspectivas e ideias, acreditando na possibilidade de adaptações destas aos padrões socioculturais de nosso País. Portanto, este trabalho é fruto de anos de estudos teóricos e aplicações práticas, no trabalho educacional, com a criança autista e com sua família.

Quero deixar claro que, com este trabalho, não pretendo formular uma teoria a respeito das concepções educacionais que embasam o trabalho com as crianças acometidas pelo autismo e sua estruturação familiar. Pretendo apenas fazer o registro de uma prática que vem dando resultados positivos e, por isso, devo divulgá-la.

O registro da experiência atingirá de maneira mais completa os seus objetivos se puder ser uma contribuição para os profissionais que trabalham na área, se puder ser um veículo de esclarecimento e apoio para familiares e, acima de tudo, se contribuir para a melhora de qualidade de vida de pessoas autistas.

REFLEXÕES DA AUTORA

Desde a primeira edição deste trabalho em 1997, tinha como objetivo, contribuir para que os familiares e profissionais da área tivessem uma melhor leitura dos aspectos que permeiam a realidade do autismo e todos os seus desdobramentos dentro e fora da dinâmica familiar.

Evidentemente, que pais e profissionais melhor instrumentalizados, proporcionariam uma melhor qualidade de vida à pessoa autista. Anos se passaram e este livro continua contribuindo, para que atitudes sejam tomadas e influências positivas sejam registradas a favor das pessoas autistas.

Ainda enfrentamos dificuldades na difusão da temática e na intervenção favorável aos autistas. Entretanto, a formação acadêmica e o senso comum, começam a despertar para a necessidade de se orientar melhor os estudantes no entendimento das pessoas que apresentam Transtorno do Espectro Autista, principalmente em áreas afins, como Pedagogia, Psicologia, Fonoaudiologia, entre outras.

Para exemplificar isto, lembro alguns trabalhos que realizei, já como reflexo desta publicação:

- I Jornada de Autismo de Botucatu, realizada pela Universidade Estadual Paulista – UNESP – Campus de Botucatu, promovida pela Faculdade de Medicina, através do Departamento de Neurologia e Psiquiatria – Disciplina de Neurologia Infantil em abril de 1998: **"Palestrante"**.
- Em maio de 1998, A Universidade Federal do Paraná, através do Setor de Ciências Humanas, Letras e artes – Coordenação do Curso

de Psicologia, adota esta publicação como referência bibliográfica, no ensino sobre autismo.

- Aula sobre "Autismo Infantil" na Universidade Paulista – UNIP ("Palestrante"), no curso de Pós– Graduação "Latu Senso" em Psicopedagogia, Dezembro de 1999.
- Aula sobre "Autismo Infantil", na Faculdade de Belas Artes de São Paulo, no curso de Licenciatura em Educação artística, maio de 2000. Com esta Faculdade, a AUMA firmou inclusive parceria na realização da "Iª Mostra de Arte das crianças da AUMA", em Novembro de 1999. Um projeto onde as equipes técnicas e alunos tanto da AUMA, quanto da FEBASP, uniram esforços na conquista da edificação, dos sentimentos e emoções das crianças da AUMA, expressos através de suas obras com tinta acrílica em tela. Das 720 telas (de 9 cm x 12 cm) que foram criadas, 500 foram para uma exposição no salão Gourmet do Shopping Eldorado e 300 foram vendidas, sendo que algumas foram para visitantes do Canadá, Austrália, Portugal, Estados Unidos, etc. com gratificante aceitação por parte de todo o público que as visitou.
- Implantação de curso de "Extensão Profissional" na UNI FMU
- Universidade das Faculdades Metropolitanas Unidas, curso de Pedagogia, nos anos de 2000 e 2001.
- Consultoria para a Secretaria de Educação e Cultura do Estado de Goiás, Superintendência de Ensino Especial, em um programa pioneiro no país, de inclusão de pessoas autistas em rede Estadual. Trabalho realizado desde 1999, com êxito absoluto. Hoje, o programa denominado **Re-Fazer**, contempla mais de 500 alunos autistas de todo o Estado.

- Sem dúvida nenhuma, esta foi a atuação que melhor registrou o quanto é possível se fazer um trabalho sério quando se tem vontade, coragem, tecnologia direcionada e específica.
- Em 2003 dei consultoria para a realização do filme "Jogo Subterrâneo" de Roberto Gervitz, o primeiro filme brasileiro que coloca cenas de autismo em sua história.
- Em 2005, realizei Consultoria para a Secretaria de Educação e Cultura do Estado de Tocantins, Gerência de Ensino Especial, em um programa de Inclusão de pessoas autistas em rede Estadual, que também contempla todos os autistas do Estado, cujo nome é **Re vivendo Emoções,** com o apoio e patrocínio do MEC – Ministério da Educação e Cultura do Brasil.
- Em 2006, realizei Consultoria para a Secretaria de Educação e Cultura da Cidade de Bragança Paulista, São Paulo, em um programa também de Inclusão de pessoas autistas em rede Municipal. Pioneirismo absoluto em todo o Estado de São Paulo.
- Em 2007, dei continuidade aos trabalhos de inclusão em Bragança Paulista, capacitei a equipe de professores do Instituto Madre Mazzarello e iniciei o programa de inclusão em rede Estadual de Educação e Saúde, no Estado do Acre. De 1997, quando o livro foi publicado até agora, muitas palestras e cursos de 40 horas foram realizados para Apaes de todo o Estado de São Paulo: Apae da Cidade de Cotia e outras cidades circunvizinhas, com quase 100 participantes e cujo intuito era a capacitação das equipes para implantação do nosso programa de atendimento aos autistas dentro destas Apaes. Apae da Cidade de Ferraz de Vasconcelos, Apae de Taubaté, etc. Em outros Estados como Paraná: Cidade de Londrina e Cidade de Bituruna e mais 8 cidades circunvizinhas à Bituruna; Estado do Rio Grande do Sul, Cidade de Passo

Fundo, onde aliás foi fundada uma AUMA, cuja escola foi totalmente assumida pela prefeitura de Passo Fundo; Estado do Espírito Santo, toda a rede de Ensino Municipal foi capacitada na Cidade de Vitória em curso de 40 horas, no ano de 2002; Estado de Tocantins, também em 2002, a Apae da Cidade de Araguaína, que é uma referência em todo o Estado, juntou várias Apaes de várias cidades em curso de 40 horas; Estado de Rondônia, onde o movimento teve a participação efetiva da Federação das Apaes de todo o Estado, com uma presença significativa de mais de 40% dos participantes do curso sendo Apaeanos. Todas as Apaes do Estado de Rondônia mandaram representantes. Este evento contou ainda com o apoio da Prefeitura local e da ULBRA, Universidade Luterana Brasileira de Rondônia, onde aliás, o curso foi realizado.

- Cursos internos na AUMA, tanto para familiares quanto para estudantes e profissionais de áreas afins, já eram e continuam sendo realizados todos os anos, com a diferença, que com a publicação do livro, obviamente a procura ficou muito maior.

É de suma importância registrar, que a realização de praticamente todos estes eventos só foi possível, porque tiveram como desencadeadores, pais e familiares de pessoas autistas, que de posse do meu livro, sentiram-se compreendidos e finalmente encorajados para lutarem por seus direitos e de seus filhos.

Agradeço a Deus por ter dado a mim e à minha filha Nathália, a oportunidade de termos nos tornado seres humanos úteis e espero sinceramente que este trabalho, que faço cheia de esperança e otimismo, possa continuar ajudando todos aqueles que necessitarem de alguma informação e contato com esta realidade.

Fig. 8 – Capacitação de Profissionais da Superintendência de Ensino Especial, da Secretaria de Educação e Cultura do Estado de Goiás, no terceiro Seminário Goiano sobre Autismo e outros Transtornos Invasivos do Desenvolvimento. Capacitação com fins de inclusão de autistas em rede pública Estadual.

Fig. 9 – Profissionais da Rede Estadual de Educação de Goiás em capa- citação.

Fig. 10 – Profissionais da Rede Estadual de Educação, do Estado de Tocantins, em capacitação para inclusão de autistas em rede Estadual.

Fig. 11 – Capacitação de Profissionais de 40 APAES do Estado de Rondônia, na ULBRA (Universidade Luterana Brasileira) e Profissionais do Estado.

Fig. 12 – Capacitação de profissionais da Cidade de Ferraz de Vasconcelos (SP) e APAE.

Fig. 13 – Capacitação de Profissionais da Secretaria de Educação da Cidade de Bragança Paulista (SP), com fins de inclusão de autistas na Rede Pública Municipal. Pioneirismo em inclusão Municipal em todo o Estado de São Paulo.

Fig. 14 – Sra. Kátia Sólis, primeira dama de Bragança Paulista e Eliana Boralli durante capacitação da rede Municipal de Educação.

Fig. 15 – Sra. Eliana Boralli, Sra Maria Correa da Silva, Secretária de Educação do Estado do Acre e Sra. Cláudia de Paoli, Gerente Pedagógica de Educação Especial, em evento de capacitação de funcionários do Estado para inclusão de autistas em rede.

Fig. 16 – Funcionários da Secretaria de Educação do Estado do Acre em capacitação para inclusão de autistas em rede Estadual.

Fig. 17 – Capacitação de funcionários do Instituto Madre Mazzarello e outros para inclusão de autistas em Rede Regular de Ensino Particular

Fig. 18 – Capacitação de funcionários do Instituto Madre Mazzarello e outros para inclusão de autistas em Rede Regular de Ensino Particular

Fig. 19 – Eliana Boralli e Roberto Gervitz, diretor do Filme "Jogo Subterrâneo", do qual Eliana foi consultora nas cenas de autismo.

1ª Parte

ASPECTOS EDUCACIONAIS E DO APRENDIZADO DA CRIANÇA AUTISTA

Capítulo 1 - Processo de aprendizado de uma criança autista

Capítulo 2 - Programa TEACCH

Capítulo 3 - O trabalho na AUMA

Capítulo 4 - Estruturação do trabalho pedagógico

Capítulo 5 - Proposta de avaliação e tratamento baseados no TEACCH

Capítulo 6 - Alterações sensoriais

Capítulo 7 - Relato de casos

Capítulo 1

PROCESSO DE APRENDIZADO DE UMA CRIANÇA AUTISTA

Na primeira edição deste livro, minha formação era Serviço Social. Então, talvez parecesse estranho uma profissional da área social falar de processo de aprendizado, dos aspectos e filosofia que estariam embasando a educação de pessoas autistas.

O empenho profissional, no entanto, levou-me para uma pós-graduação em Psicomotricidade.

Naquela época, minha experiência como mãe que queria educar o melhor possível sua filha autista e a vivência com todas as crianças da AUMA, foram elementos fortes o suficiente para que eu fizesse muitas pesquisas, leituras e reflexões sobre esta população de pessoas tão especiais.

Vivia e vivo em uma constante busca de novas intervenções e seus resultados reais.

Através dessa busca entendi que uma criança autista aprende por associação, ou seja, se pretendemos ensinar a cor amarela para ela, precisamos associar a cor a alguma coisa de cor amarela que ela já conheça, como por exemplo, a banana.

Recordo que um dia eu estava ensinando cor-de-rosa para minha filha, logo após ter-lhe dado uma vitamina de leite com morango. Eu lhe perguntei:

– Tatá, que cor é esta? E ela me respondeu:

– É a cor do morango.

Esta mesma cor ela associou com o seu shampoo (que também era rosa), com o iogurte e assim por diante.

Um outro exemplo de processo associativo de aprendizado é aquele onde a criança associa o ato do pai sair para trabalhar, após dar tchau e pegar uma maleta. A criança associa o ato de trabalhar à maleta. Se o pai não pegar a maleta, ele não vai trabalhar e sim passear. Aí a criança chora e quer ir junto.

Além do fator de associação, um outro aspecto que molda a maneira pela qual uma criança autista aprende é a dificuldade de generalização das informações que recebe. Por exemplo, se lhe ensinamos o que é um dedo, mostrando-lhe o dedo indicador de uma das mãos, para ela somente aquele dedo daquela mão é dedo. O dedo médio, ou o anelar, ou os dedos da outra mão, ou ainda os dedos da mão de outra pessoa não são dedos. Na visão da criança autista só o dedo indicador mostrado é que é dedo.

A dificuldade de generalização é bastante variável de criança para criança, pois algumas conseguem generalizar alguns elementos com mais facilidade em detrimento de outros. Muitas vezes, algumas habilidades aprendidas também são difíceis de serem generalizadas. Por exemplo, o ato de limpar a boca com guardanapo durante as refeições que é aprendido na escola. Familiares relatam que a criança não limpa a boca em casa, quando afirmo que ela já adquiriu este comportamento na escola. A dificuldade está em generalizar a habilidade adquirida para ser usada em outro ambiente que não seja o escolar. Daí a importância da família saber o que está sendo ensinado na escola e participar de todo o processo de maneira interativa, engrenada, oferecendo aos educadores, informações úteis quanto ao manejo da criança e vice-versa.

Na verdade, esta baixa capacidade de generalização é porque o autista tem dificuldade para perceber que uma informação encaixa-se a outra e assim sucessivamente.

A questão da associação com dificuldade na generalização pode ser observada nas diversas áreas de aquisição de conhecimento, ou seja, linguagem, matemática etc. Outro aspecto que estaria embasando o processo pelo qual uma criança autista aprende é a necessidade de forte estruturação e previsibilidade.

Nesse sentido, já havia entrado em contato com o Programa TEACCH – Treatment and Education of Autistic and Related Communication Handicapped Children, da Universidade da Carolina do Norte – Chapel Hill, EUA, desenvolvido pela equipe do Dr. Eric Schopler em 1966.

Este programa me elucidava a forte necessidade que os autistas têm de saber tudo o que vai acontecer com eles durante o dia com bastante previsibilidade e de maneira extremamente estruturada. Sobre o programa falarei mais amiúde adiante.

Outro aspecto importante do aprendizado de uma criança autista é que ela aprende muito melhor vendo do que ouvindo, ou seja, o sentido da visão é um dos sentidos que mais favorecem o contato da criança autista com o mundo exterior. Isso explica o fascínio de uma grande parte das crianças autistas pela televisão, por logotipos como Coca-Cola, Bradesco, Brastemp, outdoors etc.

A televisão propriamente dita, tem, de uma vez só, três dos elementos que embasam o processo de aprendizado de uma criança autista, ou seja, é visual, é previsível e altamente estruturada. Elas conseguem aprender muito rápido a hora dos programas e qual programa vai passar em função destes aspectos.

Para deixar isto mais fácil de ser entendido, farei um exercício simples com você leitor:

Se eu te perguntar se você conseguiria visualizar mentalmente a imagem de uma maçã, de um cavalo, de uma cadeira ou de uma bola, com certeza você me diria que sim. Mas você seria capaz de visualizar a imagem do amor, da saudade, da esperança, etc. Com certeza não. Entretanto você seria capaz de entender estes conceitos abstratos.

Os autistas teriam muita dificuldade, e eu seria mais contundente ainda, eu diria que é grande o número de autistas que não entendem estes conceitos abstratos. Não da forma como entendemos. Eles até são capazes de senti-los, mas não conseguem expressar ou nos explicar o que estão sentindo.

É por isto que são visuais. Porque o que pode ser guardado no cérebro como imagem real e concreta, faz mais sentido para eles e o que precisar de interpretação e intelecção é mais difícil.

Além destes, um outro fator é a dificuldade que o autista tem de compreender o ponto de vista do outro.

Há um prejuízo social em decorrência do não-entendimento das explicações e justificativas do outro, do não-entendimento do que o outro pensa nem a previsão do comportamento do outro. A previsão do comportamento do outro só será construída após algum tempo de convivência com determinada pessoa. Porém, é uma previsão específica para cada pessoa e que se dá por registro e associações e não por interpretação ou por entendimento global do comportamento humano. Isso explica a enorme dificuldade em ensinar "limite" para os autistas. Falarei no capítulo 6 a respeito da minha visão em relação a entender o autismo também como uma alteração dos doze sentidos humanos, onde o "eu" é um dos sentidos.

Sendo assim, a não-compreensão do ponto de vista do outro é também uma das dificuldades que modelam os caminhos pelos quais o autista percorre para chegar a um aprendizado ou a um conhecimento. Uma outra característica muito peculiar dos autistas está na forma como assimilam os conhecimentos.

Muito antes de ter fundado a AUMA, eu já tentava desenvolver com minha filha, Nathália, algumas atividades que lhe aumentasse o vocabulário, que lhe ensinasse as cores, conceitos como dentro/fora, em cima/embaixo, tudo isso com o objetivo de fortalecer ou melhorar o seu acatamento de ordens.

Muitas vezes, eu falava para ela: "apague a luz", ou então, "pegue o leite em cima da pia" e assim por diante. Então, ela ficava me olhando como quem não estivesse entendendo nada. Às vezes, ela parecia não me ouvir e saía de perto. Essas coisas me intrigavam tanto que pensei que, se talvez eu lhe ensinasse o que era pegar, em cima, pia, leite, luz etc., ela poderia entender o que queria dela. Passei a dar-lhe aulas diariamente, dividindo os conteúdos em vocabulário, conceitos, cores, etc. Isso era feito na mesa da cozinha de nossa casa. Ela ficava sentada e eu lhe mostrava uma figura, como por exemplo, uma foto de um copo com água. Aí eu dizia:

– Nathália, isto é um copo com água. Em seguida, perguntava:

– O que é isto, Tatá?

Nesse momento, ela ficava nervosa, muitas vezes chegava a chorar. Eu não entendia o que se passava. Mudava de atividade e mais uma vez ela se desestruturava. Fiquei pensando por que aquilo acontecia.

Hoje, depois de tantos erros e acertos, pude aprender com minha filha que o autista não assimila por ação espontânea o nome social dos objetos, por exemplo, a formulação de um raciocínio matemático etc.

Na prática educacional, a forma de se apresentar o "nosso" mundo ao autista acontece de maneira muito diferenciada, e esta forma é composta por três etapas:

1º) Inicialmente mencionamos à criança o nome social do objeto ou fato, isso é, interpretamos para ela o nome social do objeto, fato ou ação, sem nada cobrarmos dela. É a fase de apresentação ou primeira fase.

2º) Quando a criança já está demonstrando algum entendimento a respeito do conteúdo apresentado, solicitamos que a criança aponte, pegue ou vá buscar o objeto cujo nome foi dito. É a fase do apontamento ou segunda fase.

3º) Em uma última etapa, caso a criança fale, solicitamos que ela diga o nome do objeto mostrado. É a fase da nomeação ou da realização, quando ela foi capaz de fazer a ação sozinha ou terceira fase.

Estas fases ocorrem para todo o aprendizado, seja ele de um objeto, de uma ação ou a formulação de um raciocínio matemático.

Em um processo de constante busca, pude entrar em contato com os depoimentos de uma das mais notáveis autistas que a literatura universal já pôde registrar através dos relatos do Dr. Oliver Sacks, no seu livro "Um Antropólogo em Marte".

Falo de Temple Grandin. Uma autista PhD em Ciências animais, bióloga e engenheira bem sucedida que escreve sobre seu trabalho, sobre si própria (sua autobiografia: – "Emergence: Labeled Autistic" – 1986), que é professora universitária e que dirige os seus próprios negócios. No Brasil o seu livro está traduzido e se chama "Uma menina estranha".

Um ser humano fantástico que desafia a Ciência simplesmente por existir.

Foi dela que li coisas que mais uma vez me fizeram refletir sobre um dos mais difíceis e polêmicos assuntos a respeito do autismo, ou seja, como funciona o seu intelecto.

"Temple acha que há algo de mecânico em relação à sua mente e a compara com frequência a um computador, com vários elementos paralelos (um processador de distribuição paralela, para usar um termo técnico), vendo seu próprio pensamento como "computação" e sua memória como arquivos de computador. Supõe que falte à sua mente parte da "subjetividade", da introspecção que os outros parecem possuir. Vê os elementos de seu pensamento como imagens concretas e visuais, a serem permutadas ou associadas de diferentes maneiras. Acredita que as partes visuais do seu cérebro e aquelas encarregadas do processamento de uma grande quantidade de informação sejam altamente desenvolvidas, que assim seja em geral com os autistas, que as partes verbais e aquelas feitas para o processamento sequencial sejam comparativamente subdesenvolvidas e que isso também seja muito comum entre autistas."

Este raciocínio e auto-análise da Temple me faz perceber que muito há ainda para se compreender sobre a mente, o intelecto e a forma de aprender de um autista.

Por outro lado, me direciona para uma possível compreensão deste intelecto. Para mim que estou buscando uma explicação, uma maneira coerente de entender o autista, esta parece a melhor delas, ou seja, entender o autista com os olhos e pelos olhos de "um autista" e não pela visão de teorias preestabelecidas.

Ouvi da Doutora Temple Grandin, uma frase que guardarei para sempre em minha memória: "Minha mãe me ensinou, que amar é querer ver algo crescer... e é isto que eu quero para meus alunos da graduação e da pós-graduação, que se tornem pessoas melhores".

Negar que pessoas autistas não sentem seria uma afirmação absolutamente equivocada, entretanto há que se considerar os níveis de desenvolvimento alcançado por cada pessoa e seus graus de comprometimento, além da habilidade de cada um para expressar o que está sentindo.

O fato de maior importância, no entanto, é que todos sentem....

Em um esforço redobrado para tentar explicar o que seria então um aprendizado visual poderia dizer que tudo aquilo que for concreto, passível de formulação de uma imagem internamente, faz sentido para as pessoas autistas (bola, carro, feijão, etc.) e tudo aquilo que for abstrato e precisar de interpretação, introspecção e intelecção é mais complexo para pessoas autistas apreenderem (sentimentos, emoções, regras sociais, etc.). Mas é importante que se frise que é difícil e não impossível, porque a prática tem mostrado que autistas de nível leve ou brando de comprometimento e os que apresentam "Síndrome de Asperger" (um continuum do autismo: F 84.5 segundo a CID-10 – Classificação de Transtornos Mentais e de Comportamento, sem deficiência intelectual), poderão abstrair vários conceitos abstratos.

Diante de tudo isso, é muito difícil pensar que o autista não pensa, talvez os canais sejam diferentes, mas o fato é que existem.

Acreditar nisso parece-me o primeiro passo para proporcionar ao autista uma educação que lhe propicie um desenvolvimento efetivo e que lhe garanta a possibilidade de se tornar "pessoa", autônoma e independente.

Obs.: De acordo com o DSM-5 - Manual Diagnóstico e Estatístico de Transtornos Mentais, o autismo configura-se em três níveis de gravidade na comunicação social e no comportamento que é restrito e repetitivo:

Nível 3: Exigindo apoio muito substancial
Nível 2: Exigindo apoio substancial
Nível 1: Exigindo apoio.

A CID-10, Classificação de Transtornos Mentais e de Comportamento, outro documento de cunho protocolar, ainda está em vigor, mas já em processo de mudança.

Capítulo 2

PROGRAMA TEACCH

No capítulo anterior, mencionei o Programa TEACCH e me propus a falar sobre ele de maneira mais detalhada.

O Programa surgiu nos Estados Unidos, em 1966, após um trabalho intenso de pesquisas e observações, realizadas pela equipe do Dr. Eric Schopler, pesquisas estas que duraram por volta de dez anos.

Entre erros e acertos, a equipe observou que o autista possui dificuldades básicas no seu desenvolvimento, ou seja:

– Necessita de muita previsibilidade porque não consegue interpretar com adequação noções temporais. A compreensão da passagem do tempo e do raciocínio sequencial dos fatos e eventos parece estar muito prejudicada no autista.

Isso inclusive foi dito pela Temple Grandin, a autista PHD a qual me referi anteriormente.

– No processo de observação, a equipe também detectou a necessidade que os autistas têm de muita estruturação em função da grande dificuldade que têm em compreender os espaços, o tempo, a sequência de fatos e eventos, ou seja, não conseguem elaborar com espontaneidade o que vão fazer, quando e onde.

Estruturar ambientes para atender autistas, portanto, é dizer-lhes "o que", "quando", "onde", "como" e "por quanto tempo" eles vão fazer alguma coisa.

Estas dificuldades foram somadas à observação de que os autistas são extremamente visuais, ou seja, veem os elementos de seus pensamentos como imagens concretas e visuais.

Em outras palavras, o que pode ser visto e gravado como imagem concreta tem função para os autistas; o que necessita de elaboração, introspecção ou interpretação social é extremamente difícil para eles. Daí a grande dificuldade de entenderem as entrelinhas de uma realidade, as regras e os manejos sociais, pois a vida social é pura interpretação e não simplesmente uma imagem observável que pode ser gravada e arquivada como conhecimento.

Diante destas importantes observações, a equipe criou o programa TEACCH –Treatment and Education of Autistic and Related Communication Handicapped Children (Tratamento e Educação para Autistas e Crianças com Déficits Relacionados à Comunicação), da Universidade de Chapel Hill, Carolina do Norte, EUA – que, entre outras atividades, propõe uma abordagem educacional.

Esta abordagem educacional propõe um trabalho para a criança autista baseado exatamente nestas características: é visual porque diz para a criança o que fazer através de cartões de desenhos com as ações, ele prevê as ações e as estrutura, trabalhando as características de estruturação e previsibilidade. Negar a importância deste programa para os autistas do mundo todo nos parece pouco inteligente, além do que o programa prevê a participação e integração total entre família e escola.

Entretanto, é fundamental que se faça uma adaptação deste modelo aos padrões sócio político, econômico e cultural do nosso País. No Brasil, os padrões são diferentes porque os nossos valores também são diferentes.

Capítulo 3

O TRABALHO NA AUMA

Como disse na introdução deste livro, a linha de atuação que adotei é bastante eclética. Nesse sentido, me apoiei em conhecimentos que profissionais americanos, dinamarqueses, japoneses, alemães, israelitas, suecos, brasileiros, argentinos, entre outros, dividiram conosco através de cursos, treinamentos e livros.

A principal característica do trabalho, no entanto, é a visão que tenho do aluno autista. Uma visão, que insisto em afirmar, não está baseada na paixão, na inocência ou na ignorância e sim na observação criteriosa e sistemática do meu cotidiano e na constatação colhida dela.

Para mim, uma criança autista é um aluno com limitações, dificuldades e alterações comportamentais, mas um aluno. Por isso, o trabalho o recebe, o educa e o conduz simplesmente como um aluno. Acredito na capacidade dos alunos autistas e, dentro deste critério, todo o processo educacional que busco oferecer, direciona a educação para fortalecer a capacidade do pensar, concomitantemente à capacidade do fazer de cada criança. Na minha visão, o "fazer" não deve ser um fazer simplesmente mecânico.

A programação do dia dos alunos é um dos elementos no qual me apoio e a "dica visual" (ou agenda visual) é outro (ver figuras 20, 21, 22, 23, 24, 25, 26 e 27).

Entretanto, essa programação não é rígida e a rotina pode ser quebrada. Um exemplo disso é a criança ter direito de opinar quanto à ordem de uma ou outra atividade, em um dia que ela não esteja se sentindo bem. Ela prefere tomar lanche primeiro ou não fazer uma das atividades previstas.

Numa ocasião, fui questionada se isso não geraria bagunça, desorganização e quebra da ordem por parte das outras crianças. A resposta é não! Porque a quebra não é uma constante e sim uma exceção. É antes um momento onde a criança percebe que é respeitada quando finalmente consegue expor seus desejos e o seu eu. Do contrário, ela gosta da rotina e esta rotina é mantida.

Quero conduzir a educação das crianças com o objetivo de torná-las pessoas autônomas e independentes e ter direito a ter sua opinião ouvida e dentro do possível respeitada, faz parte desse processo de formação.

O processo educacional não deve buscar a normalização? Então! Crianças normais argumentam, questionam e não trabalham quando não se sentem bem. Por que com o autista teria que ser diferente?

Sabe-se que o que ajuda uma criança a se tornar um bom adulto, é a relação de atitudes adequadas que mantemos com ela. Em outras palavras, o que fica é a "relação atitudinal": Se eu respeito, ensino a criança a respeitar!

Com relação ao uso de "dicas visuais", para a aula de culinária, por exemplo, acredito que após a criança ter passado pelas três etapas do aprendizado (vide etapas capítulo 1) as "dicas visuais" devam ser totalmente retiradas, os instrumentos colocados todos misturados e a criança deverá ser capaz de fazer uma laranjada, um café, ou preparar o seu lanche, sem nenhuma dica, isso porque no dia a dia, em sua casa ou em outro lugar, não haverá dicas para auxiliá-la. Então, sua independência deverá ser real, dentro e fora da escola e sem as "dicas visuais".

Para mim, a programação, a rotina e as "dicas visuais" são apoios pedagógicos que visam "ajudar" o aluno autista a lidar melhor com sua vida no dia a dia; à medida que propõem um ambiente seguro e bem estruturado.

Fig. 20 – Programa de Previsibilidade do dia de uma das salas de aula.

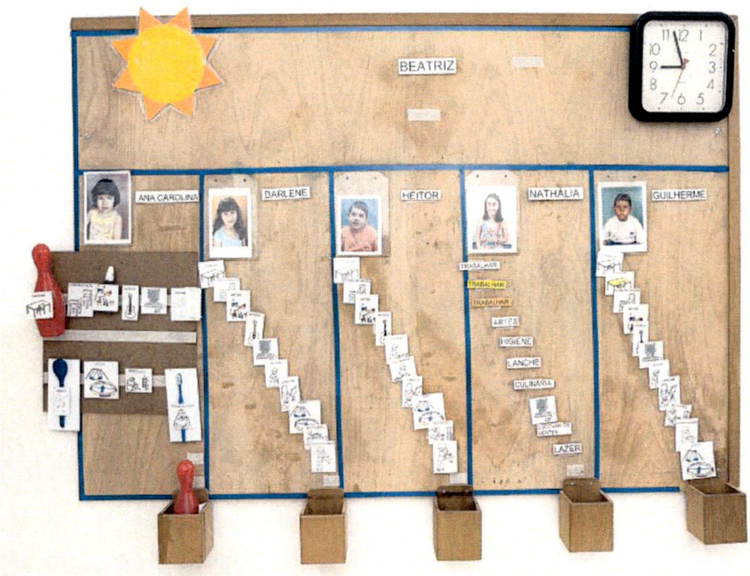

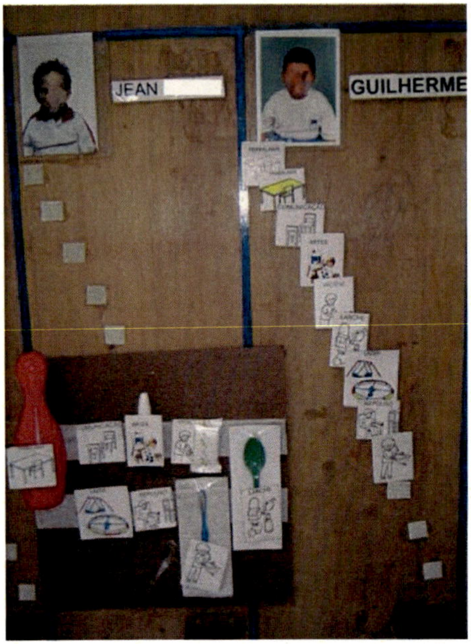

Fig. 21 – Detalhe em um painel de previsibilidade do dia (escolar), na horizontal e com figuras no concreto para crianças mais novas ou com maior nível de dificuldade.

Fig. 22 – Detalhe no painel de previsibilidade do dia (escolar) na horizontal e com objetos concretos.

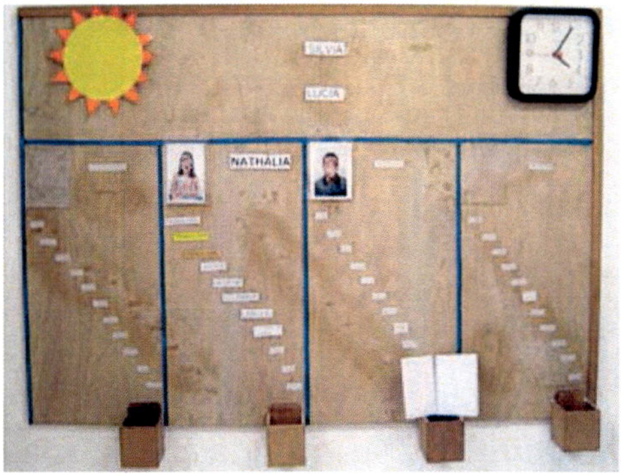

Fig. 23– Programa de previsibilidade do dia escolar, escrito e de agenda de bolso.

Fig. 24 – Criança montando o programa de previsibilidade do dia.

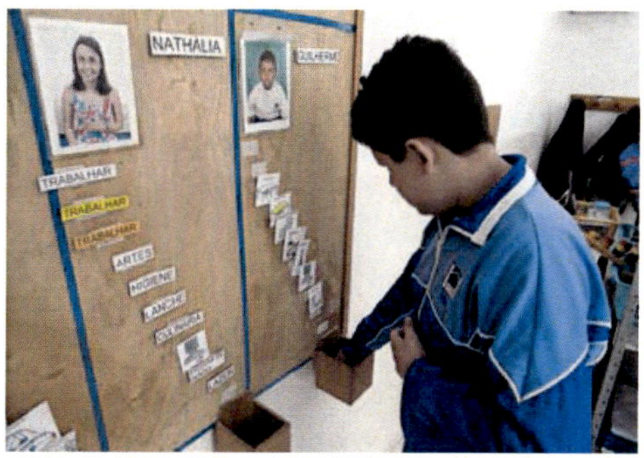

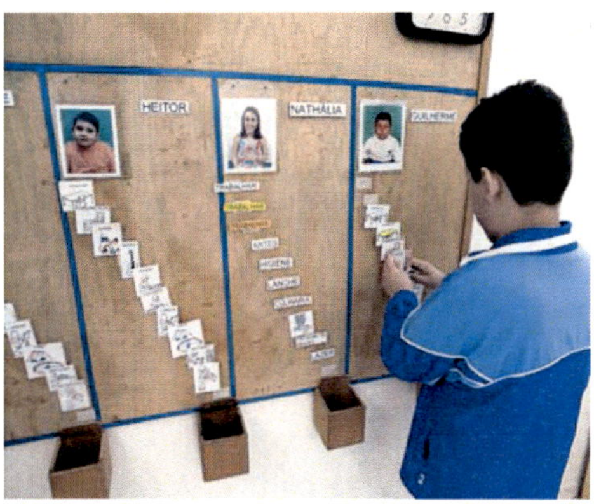

Fig. 25 – Criança montando o programa de previsibilidade do dia.

Entretanto, estes apoios deverão apenas subsidiar a prática e não moldá-la. Os trabalhos com educação especial normalmente buscam educar no sentido de fazer a criança adotar padrões de conduta desejáveis, fornecendo tarefas consideradas importantes do ponto de vista do educador.

O que estou propondo é uma educação que leve em consideração o "fato" de as crianças serem capazes de pensar e compreender, ainda que por canais diferenciados, mesmo dentro de suas limitações, e apesar dos diferentes graus de comprometimento do distúrbio.

Fig. 26 – Estrutura visual de aula de culinária.

Fig. 27 – Criança em aula de culinária.

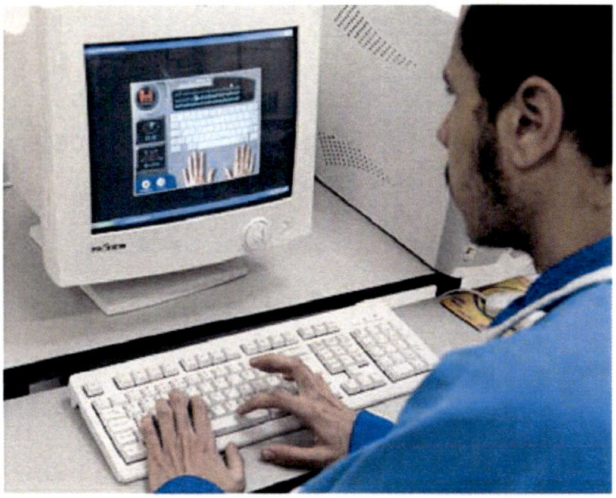

Fig. 28 – Adolescente em aula de computação.

Fig. 29 – Criança em aula de artes (mesa azul).

Fig. 30 – Criança em aula de artes (mesa azul).

Fig. 31 – Criança em aula de artes (mesa azul).

Fig. 32 – Criança em aula de artes (mesa azul).

Para mim, uma criança que tem seu pensamento organizado é capaz de tomar decisões. Mas isso não seria utópico em se tratando de autismo? Minha prática diz que não. Aliás, mais adiante (capítulo 7) estarei relatando casos onde as crianças me provam, na sua vivência do dia a dia, o quanto tudo isso é real.

O trabalho educacional que estou desenvolvendo não se propõe a cumprir objetivos específicos, traduzidos em saber fazer isto ou aquilo de modo automático e repetitivo.

O desenvolvimento dessa proposta, na prática, exige uma relação de conteúdos e objetivos bem determinados, porém, não-rígidos e jamais aleatórios.

A determinação destes conteúdos e objetivos vêm através de uma avaliação global que realizo com cada criança (ver capítulo sobre avaliação), onde se passa a conhecer suas capacidades e limitações, ou seja, um perfil a parti do qual se elaborará um planejamento de atividades.

Concomitantemente aos aspectos teóricos que embasam a prática com referência ao desenvolvimento cognitivo do autista – a maneira como o autista adquire conhecimentos – me preocupo também com os aspectos afetivos e, nesse sentido, busco desenvolver com os alunos uma relação de respeito mútuo, de afeto e confiança que favoreça o desenvolvimento de sua autonomia e independência.

No dia a dia busco construir um clima tranquilo, harmonioso e encorajador, afim de que a criança adquira confiança em sua escola e, nessa medida, possa se posicionar com segurança, exercendo sua vontade, dentro dos limites do possível e do razoável.

Sendo assim, esta realização implica em procurar um equilíbrio entre os vários aspectos, tais como o meio físico, que deve estar sempre bem estruturado, muito limpo e bonito, o clima socioafetivo e os interesses das crianças.

Mas tudo isso não seria utópico, em se tratando de crianças autistas, que têm tantas dificuldades e limitações? A prática me diz que não! Daí ter tive a necessidade de divulgá-la. Basta proporcionar a elas o "encontro" com o mundo, com os objetos e com as pessoas e dar a elas o direito a agirem sobre este mundo.

Dentro de um trabalho com estas características e filosofia "a meta" é o desenvolvimento global da criança, ou seja, desenvolvimento cognitivo, socioafetivo e de independência nas atividades de vida diária e de subsistência.

Outra questão muito importante: o que devemos ensinar a estas crianças e por que devemos ensiná-las. Algumas correntes defendem a ideia de que devemos ensinar o que é útil.

Entretanto, me dou o direito de questionar o que é algo útil do ponto de vista do conhecimento. Quem tem o direito e o poder de decidir o que é útil ou não a uma criança? Por que limitar o aprendizado de pessoas autistas, que antes de serem autistas são pessoas? Por que não apresentarmos efetivamente o "nosso" mundo a estas crianças, ensinando-lhes o que é normal para nós, facilitando-lhes a vida e criando meios para que elas compreendam ao máximo do que lhes for possível esse chamado "padrão de normalidade"?

Penso no autista como uma pessoa que precisa de estímulo, motivação, independência, escolarização, profissionalização etc.

A propósito, penso também em uma profissionalização sem perda da qualidade de vida e capaz de produzir felicidade. Por isso, será que temos o direito de decidir a profissão de um autista por ele? Acho que não! Para mim, a profissionalização deve ser o resultado de toda uma trajetória de vida educacional e de desenvolvimento da criança.

Então, se durante o desenvolvimento da criança, ela foi estimulada a pensar, a fazer escolha e a ser independente, com certeza terá mais chances de uma profissionalização mais adequada, porque aprendeu a dizer o que gosta ou não, o que quer ou não, agora, se a criança foi submetida a uma educação rígida, onde reproduziu mecanicamente as tarefas, certamente terá a necessidade de ter sua profissionalização decidida por terceiros.

A diferença entre as duas abordagens está exatamente na qualidade de vida e felicidade que uma e outra abordagem proporcionam. Muito provavelmente a criança submetida a uma postura rígida não estará feliz, mas conformada, porque foi educada pra isso.

Parece-me ainda um tema bastante complexo a decisão de quem e como decidir a profissionalização do autista. Parece-me também que esta questão vai depender muito do bom senso e da sensibilidade de quem conduz o processo educacional.

Avessa à visão que se imprimiu ao autista, adotei na AUMA um acompanhamento das habilidades e interesses da criança ao longo de sua escolarização, oferecendo-lhe diversos materiais e contato com as diversas áreas. Só assim, acredito que estaremos ajudando-a a atingir uma profissionalização sem perda da sua qualidade de vida.

Estou construindo, incansavelmente, um modelo de atuação com alunos autistas que lhes propicie o pensar, concomitantemente ao fazer, onde sejam capazes de fazer opções e efetivamente este é o primeiro passo para que a criança adquira autonomia e independência.

Capítulo 4

ESTRUTURAÇÃO DO TRABALHO PEDAGÓGICO

No capítulo anterior, escrevi sobre os princípios que estariam embasando a minha visão de educação, com um trabalho que encoraja o pensar em detrimento da mera reprodução do fazer. O fazer, portanto, é uma consequência de todo o processo do pensar, sentir e querer.

Na prática, retomei as características básicas do processo de aquisição de conhecimento de um autista que são: estruturação, previsibilidade e processo visual.

Entretanto, é bom lembrar que a estruturação que proponho aqui não é a de um ensino rígido, é apenas para organizar o meio. Utilizo para isso os cartões de "dica visual" (ou agendas visuais) de forma previsível (rotina) e a determinação clara dos locais onde serão realizadas as atividades.

Trabalho com o ensino personalizado, específico e que, portanto, requer um planejamento também individual. Desenvolvo o máximo de potencialidades de cada aluno, não através do que ele não sabe ou não pode, mas sim pelo que ele é capaz. Em outras palavras: maximizo suas potencialidades e minimizo suas áreas em defasagem.

Os elementos que compõem um ensino estruturado são: organização física, horários planejados, rotina etc. Veja como a sala de aula das crianças é organizada na figura 33.

Na mesa branca a dependência é total e é aí que ocorre a passagem de conteúdos do instrutor para a criança (ver figuras 37, 38, 39 e 40). Na mesa amarela, o trabalho é semidependente. Nesse momento, a criança aprende a solicitar ajuda, quando necessária.

Na caramelo, a criança é independente elaborando conteúdos que já domina, sem intervenção alguma. A diferenciação por cores é importante, pois a passagem de uma mesa para outra mostra ao autista que ele pode realizar as tarefas sozinho.

Há ainda a azul, de artes, em que se exercita a habilidade manual e grupal (ver figuras 29, 30, 31, 32), e área lúdica, onde a criança aprende a esperar e pode nele utilizar os objetos que mais gosta ou simplesmente não fazer nada.

A área lúdica pode ser composta por almofadões se as crianças da sala estiverem com idade entre 3 e 4 anos, mas pode e às vezes deve ser substituída por cadeirinhas, quando as crianças já estiverem com idade entre 5 e 6 anos. Quando elas forem maiores, devem ser levadas para outra sala, "a sala de repouso" (uma sala na escola, preparada com TV, vídeo, aparelho de som, jogos e brinquedos adequados e que estimulem o convívio social do grupo). A prática ensinou que a área lúdica às vezes estimula a criança a ficar deitada em sala de aula, quando esta é feita de almofadões. A meu ver, ficar deitado em sala de aula, não é um padrão socialmente aceito como adequado, principalmente se a criança for maior e se ela for inclusa em rede regular de ensino. A delimitação dos espaços ajuda o autista a se organizar.

É fundamental que a disposição da sala de aula seja organizada de tal forma a permitir a visão do instrutor de qualquer parte da sala sobre todos os alunos.

O resultado do trabalho mostra que a estruturação é capaz de favorecer a independência das crianças autistas.

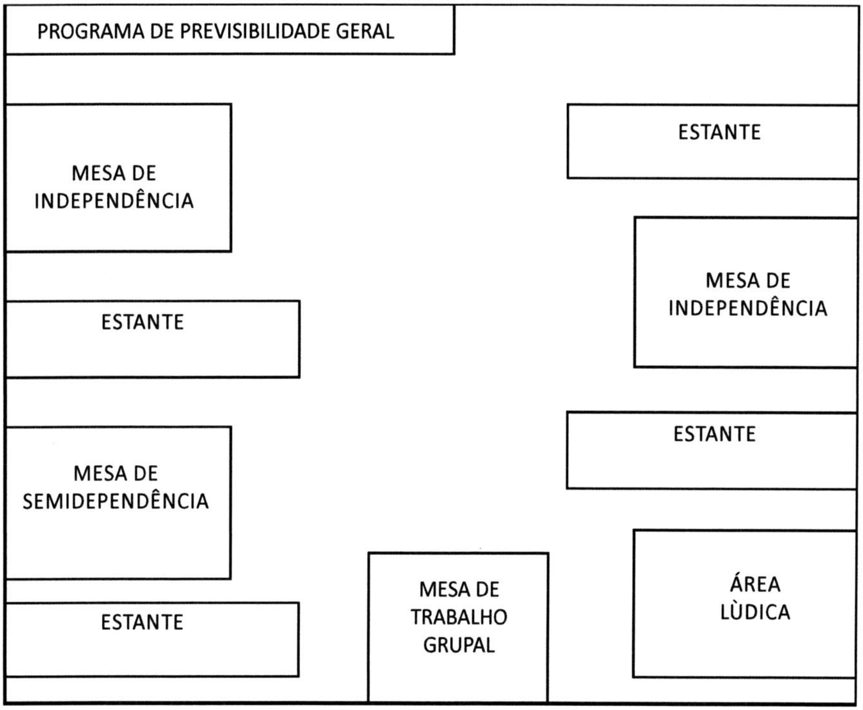

Fig. 33 – Visão esquematizada da sala de aula

Área de trabalho individualizado

- Mesa Branca – Mesa de atividade dependente do instrutor.
- Mesa Amarela – Mesa de atividade semidependente do instrutor (O instrutor só auxilia se necessário e nesta mesa a criança aprende a pedir ajuda).
- Mesa Caramelo – Mesa de atividade realizada de forma totalmente independente.

Área de trabalho grupal

- Mesa Azul
- Área Lúdica (com almofadões, banquinhos ou cadeiras)

PAINEL GERAL DE INFORMAÇÃO VISUAL = Programa de trabalho (ver fig. 20)

Fig. 34 – Adolescente em atividade em mesa branca.

Fig. 35 – Mesa branca: "ênfase" no local onde as crianças batem "o ponto". Após a criança retirar um dos cartões de "dica visual" do painel geral de atividades, ela o levará para o local onde executará sua tarefa. Nesse local, há um desenho igual ao cartão (ou um cartão com objeto concreto) que ela retirou do painel. Sendo assim, ela os associa e identifica o seu local de trabalho, batendo "o ponto".

Além da estruturação, outros elementos fazem parte do que denomino de ensino personalizado. Isso pode parecer muito óbvio, no entanto, não é valorizado dentro das práticas pedagógicas que tenho observado em outros lugares em educação especial. Avessa a essa prática tenho como orientação curricular dois planos de ensino.

O primeiro plano de ensino é para crianças em início de trabalho, ou ainda bem novas, e obviamente respeitando-se as suas potencialidades. O conteúdo deste plano de ensino compõe todas as matérias e atividades de pré-escola, dando-se ênfase às limitações específicas do distúrbio autístico, como por exemplo, a nomeação do mundo exterior ou "universo simbólico".

O segundo plano de ensino é para crianças que já atingiram níveis de aquisição maiores. O conteúdo deste plano segue a Grade Oficial de Educação proposta pelo Ministério da Educação e Cultura – MEC –, feitas as devidas adaptações à educação para crianças autistas. Cada aluno cumpre seus conteúdos, de forma que utilizo estes planos de ensino como orientação e com um planejamento personalizado, propondo uma educação diferenciada.

Na sua opinião, leitor, um aluno autista seria menos digno de mérito por ter cumprido uma grade curricular em oito ou dezesseis anos, grade esta que normalmente que seria cumprida em menos anos no ensino fundamental?

Qual a diferença qualitativa de uma criança que realiza atividades reproduzindo conteúdos e outra construindo conhecimento? Qual a diferença na formação de indivíduos que pensam e indivíduos que reproduzem atividades que, no máximo, exigem memória e coordenação motora?

Se vamos utilizar conhecimento, tempo, dinheiro e energia, preparando atividades para alunos autistas, por que não organizá-las com o objetivo de compor conteúdos pedagogicamente orientados?

O conhecimento, o tempo, o dinheiro e a energia empregados são os mesmos, o que muda é o respeito, a humanidade e a ótica de trabalho para com o aluno autista.

Talvez, leitor, você argumente:

– Por que proporcionar uma educação ao autista direcionada para o pensar concomitante ao fazer? Isto não poderia trazer-lhe prejuízos emocionais, na medida em que pensando viesse a identificar ainda mais sua diferença perante os padrões de normalidade?

E aí eu respondo com o pensamento de dois autistas brilhantes pela capacidade de pensar:

Temple Grandin:

"Tenho pouco interesse por romances com complicadas relações interpessoais, porque sou incapaz de lembrar sequência de eventos. As descrições detalhadas de novas tecnologias em ficções científicas ou de lugares exóticos são muito mais interessantes".

"Minha vida seria horrível se eu não tivesse o desafio da minha carreira".

(Oliver Sacks – "Um Antropólogo em Marte" – pág. 268).

Jim Sinclair:

"Ser autista não significa não ser humano mas pode significar ser um alienígena.

Isto quer dizer que o que é normal para mim não é para os outros e o que é normal para os outros não é para mim. De alguma forma eu sou terrivelmente mal-equipado para sobreviver neste mundo.

Trabalhe comigo para construir pontes entre nós". Psicopedagogia (Volume 14–1995)

Revista da Associação Brasileira de Psicopedagogia (ABP)

Não lhe parece, leitor, que estas duas pessoas têm plena consciência de suas limitações e potencialidades?

Então, por que limitar a grade curricular de um indivíduo autista? Seria só por que ele é autista? Como e porquê decidir o que ensinar a um autista?

Acredito no potencial de cada criança que chega até mim, seja qual for seu grau de comprometimento. É por isso que optei por um ensino personalizado que parte de dois planos de ensino, nos quais os conteúdos a serem trabalhados são decididos a partir do conhecimento que se tem a respeito da criança. A partir dos conteúdos fixados, cada criança semanalmente tem uma planilha de atividades que comporta estratégias das mais variadas formas.

Quando vou formular o planejamento de uma criança levo em consideração o fato de ela ter o direito de saber e aprender tudo o que conseguir. Entendo que ela tem o direito de conhecer os mistérios de nossa natureza, talvez não de forma tão complexa e abstrata, mas tem o direito de saber a origem das coisas, como seu corpo funciona etc. Isso é vida, é conhecimento.

Minha filha, quando tinha 9 anos, estava trabalhando o conteúdo de Ciências oficialmente denominado como estados físicos (sólido, líquido e gasoso) e, por muitas vezes, fui questionada, para quê ela precisava saber disso, não iria usar mesmo... Até o dia em que, durante o programa do "Chaves", ela viu que jogaram um balde com leite em outro personagem. Então, ela me chamou e disse:

– Mamãe, jogaram líquido nele!

Agora pergunto, se ela levou este conteúdo para sua vida prática, não seria realmente importante aprender isso? Por que privá-la desse conhecimento? É óbvio que existem graus bastante diferentes dentro do autismo, e que cada criança atingirá um desempenho diferente, mediante cada conhecimento. Procuro, então, em meu programa personalizado, trabalhar os diversos conteúdos escolares, dando à criança acesso ao conhecimento. Somando-se a esse trabalho, valorizo também o fato da criança ser capaz de pensar e ser independente em atividades de subsistência. Nesse sentido trabalho as AVDs – Atividades de Vida-Diária – aula de culinária (ver figs. 26 e 27), higiene, limpeza etc., pois entendo que são estes os elementos que globalizam o desenvolvimento da criança.

Fig. 36 – Adolescente em atividade acadêmica independente (usando Dicionário).

Fig. 37 – Adolescente em atividade acadêmica independente.

Fig. 38 – Adolescente em atividade acadêmica independente.

Fig. 39, 40 e 41 – Adolescente em atividade acadêmica.

Fig. 42 – Aprendizado da independência em atividade de Vida diária.

A partir da seguinte planilha:

PLANILHA SEMANAL		
Aluno:		
Professor:		Semana de a
ÁREAS	**2ª, 4ª e 6ª feira**	**3ª e 5ª feira**
Linguagem		
Matemática		
Estudos sociais		
Ciências		
Coordenação		
Percepção auditiva		
Percepção gustativa		
Percepção tátil		
Percepção visual		
Percepção olfativa		
Mesa de semidependência		
Mesa de independência		

Fig. 43– Planilha de desenvolvimento do trabalho semanal.

Desenvolvo o planejamento semestral e englobo em meu ensino o processo de avaliação, que comporta relatórios diários de acompanhamento, registrando as respostas dadas em cada estratégia por cada criança. (ver Fig. 43-A). O registro não é só do trabalho pedagógico, mas do contexto global do ensino. Este ti de avaliação e acompanhamento permite interferir imediatamente ao se observar um entrave ou uma dificuldade perante qualquer que seja a estratégia, modificando-a ou substituindo-a a fim de dar fluxo ao desenvolvimento da criança e do seu respectivo o planejamento. Semestralmente os dados são tabulados e são traçados gráficos por área pelo computador, evidenciando a porcentagem de aproveitamento por área de cada criança. A partir desses gráficos novos planejamentos são feitos e novas estratégias são criadas.

RELATÓRIO SEMANAL (Fig. 43-A)

Menor:
Instrutora:
Dia:

Áreas Trabalhadas	Estratégias	Resultados

Fig. 44 – Gráfico de avaliação semestral.
Obs.: Na figura, a tabulação foi anual apenas para fins didáticos.

Meses do Ano de 2006	Respostas Passa	Respostas Emergentes	Porcentagem de Aprendizado	Estratégias Aplicadas
Janeiro	0	0	0	0
Fevereiro	14	5	74	19
Março	21	8	72	29
Abril	13	3	81	16
Maio	26	5	84	31
Junho	19	5	79	24
Julho	0	0	0	0
Agosto	28	7	80	35
Setembro	16	4	80	20
Outubro	17	6	74	23
Novembro	7	4	64	11
Dezembro	0	0	0	0

Porcentagem de Aprendizado = (Respostas Passa x 100)/(Respostas Passa + Respostas Emergente)
Estratégias Aplicadas = Respostas Passa + Respostas Emergente

Desenvolvimento em Linguagem

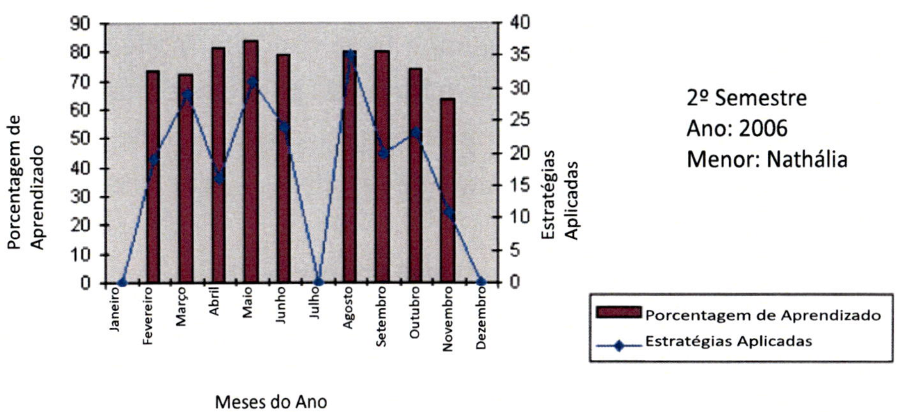

2º Semestre
Ano: 2006
Menor: Nathália

"ESTRATÉGIAS"

Fig. 45 – Algumas estratégias pedagógicas utilizadas no trabalho com as crianças da AUMA.

As estratégias aqui apresentadas são confeccionadas de vários tipos e formas. A orientação da criação das estratégias baseia-se na forma de aprendizado própria de cada criança.

Trabalho sempre com estratégias variadas. Exemplo: quando vou trabalhar uma fruta, tenho a figura, a fruta concreta (pode ser uma fruta plástica) e, se for necessário, a fruta real para que a criança passe a abstrair os conceitos com mais segurança e facilidade, através do processo associativo, buscando-se também a generalização da informação.

É óbvio que todo esse trabalho surge através de objetivos pré-determinados, nunca aleatórios, que variam também de criança para criança.

Acredito ser interessante registrar alguns aspectos peculiares dos autistas, além de questões relacionadas à aplicação das estratégias:

1) Alguns autistas entendem as palavras de maneira radical. Por exemplo, se dissermos que "vai chover canivete", para nos referirmos a uma chuva forte, alguns autistas terão medo de sair de dentro de casa, preocupados com os canivetes. Ou se lhe dissermos: "dê a mão à alguém', terá medo de literalmente perder a mão....
2) Alguns autistas têm dificuldade para manter uma conversação porque apenas conseguem usar palavras sem duplo sentido. Essas questões precisam ser levadas em consideração no momento em que estamos apresentando "algo novo" para o aluno autista, ou seja, no momento do aprendizado. Um exemplo prático disto é quando se ensinam profissões e a profissão ensinada é a de um "guarda". Então digo para a criança: "este é um guarda". Aí a criança fica me olhando, pega o cartão e guarda na cesta de pronto (cesta de trabalhos já realizados). Se lhe pergunto novamente, a criança se irrita e guarda o cartão novamente. Para ela "guarda" é verbo guardar. Será mais eficiente se lhe dissermos: "Este é um policial".
3) Na hora da aplicação das estratégias, alguns aspectos são também muito importantes para evitarmos desequilíbrio em algumas crianças:
   a) Alguns autistas não conseguem trabalhar com tranquilidade se as cestas estiverem muito cheias de trabalho. Já outros preferem a cesta lotada e, se não houver trabalho que os satisfaça, pegam atividades da cesta do colega.
   b) O sentido da aplicação pedagógica é sempre da esquerda para a direita, pois isso ajuda o autista organizar-se. A escrita (com raríssimas exceções) tem o sentido da esquerda para direita.

c) As estratégias devem ir para a cesta de "pronto" (cesta de atividades já realizadas) sem "cair" ou "desmontar", pois isso irrita alguns alunos.

4) Às vezes, a criança dá uma resposta inadequada em uma atividade para a qual se esperava uma resposta correta. Nesses casos temos que levar em consideração:

   a) O estado físico e psicológico da criança nesse dia (um resfriado, uma dor ou outra questão de ordem orgânica ou psicológica altera o resultado das respostas).

   b) Se essa atividade foi uma das últimas realizadas naquele dia, pode ser saturação.

Em ambos os casos, a estratégia deve ser repetidas em outro dia, porém, sendo uma das primeiras atividades a ser apresentada à criança.

5) Todo o processo de aplicação e apresentação das estratégias e conteúdos deve obedecer às três fases de aquisição do conhecimento (ver capítulo 1).

6) No início dos trabalhos de mesa, é importante que se dê uma atividade bem simples para que ela não erre. Nesse momento, o relacionamento entre o instrutor e a criança é de extrema importância. O instrutor deverá intervir fisicamente, se necessário for, ajudando-a para que não erre.

7) Gradativamente, o instrutor ajudará a criança a controlar as situações para que adquira autoconfiança e tome iniciativa. Isso pode demorar muitos meses (cada caso é um caso).

8) Uma maneira prática para que a criança se sinta estimulada a realizar as atividades com confiança é através de elogios. Após a realização do trabalho diga "Muito bem! Parabéns!"

9) Se a criança estiver executando uma atividade nova de maneira inadequada, é importante a intervenção rápida do instrutor, mesmo que para isso seja necessário segurar a mão da criança e/ou até mesmo dizer-lhe a resposta. É importante que a criança sinta que é capaz de realizar algo, para que de fato o consiga. É preferível que se diga a resposta a lhe perguntar antes que esteja pronta para responder. Enfatize que foi a criança que obteve o êxito.
10) Se a criança já realizou inadequadamente uma atividade, execute-a novamente junto com ela. Dê-lhe a chance de acertar. Não seria interessante cobrar-lhe o erro, pois isso a deixaria insegura e com medo de errar novamente, rejeitando a execução desta e de outras atividades.
11) A insistência austera é prejudicial ao trabalho. Demonstra a ansiedade do instrutor e frustra a criança autista. Se a criança não estiver pronta para responder, sentirá uma pressão tal que poderá entrar em crise.
12) Fale baixo, em tom dócil e não seja exigente demais com a sua criança. O discurso deve ser breve e objetivo. Dê preferência às frases curtas. Quanto mais comprometida é a criança menor é o discurso.

O instrutor deve limitar a sua comunicação àquilo estritamente apropriado. Não deverá falar durante uma situação de ensino a não ser que tenha certeza de que isso de fato irá ajudar. Um discurso muito longo tende a provocar a alienação da criança. Não faça perguntas que ela não possa responder e não insista. Dê-lhe a resposta e ensine-a a repeti-la, tendo a certeza de que entende o seu significado. Para que a criança entenda o que você está falando, gesticule (gestos primitivos: sim, não, venha, etc.), faça mímica e expressão facial bem acentuadas. Dentro do possível, as palavras deverão corresponder a ações do presente. Algumas crianças autistas têm muita dificuldade de entender frases como:

- "Amanhã você pode!"
- "Daqui a pouco eu dou!"
- "Segunda-feira você vai!" etc.

1) Não critique. Ensine!

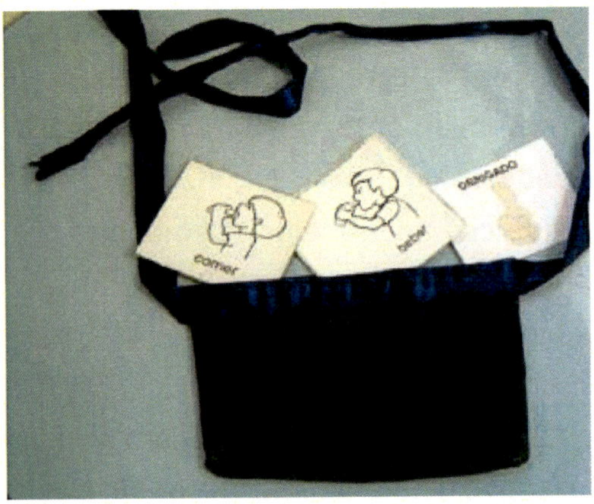

Fig. 46 – Pochete com verbos de ação.

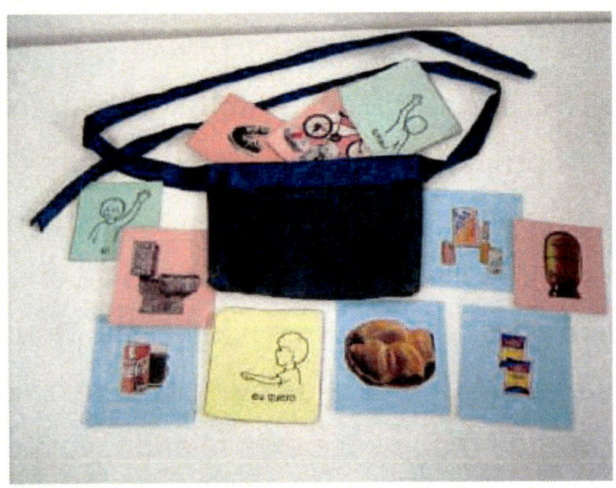

Fig. 47 - Pochete - Estratégia de comunicação para crianças não-verbais.

Para crianças que não falam, há programas alternativos de comunicação, como por exemplo, a "pochetée" (ver figuras 46 e 47). A "pochetée" é uma técnica de comunicação para crianças não-verbais. Esta técnica consiste em usar uma espécie de sacolinha sem fecho, amarrada na cintura, inicialmente na instrutora ou na mãe e que com o passar do tempo e a sua habilitação passará para a cintura da criança.

Dentro desta "pochetée" vão cartões de comunicação de necessidades emergenciais tais como: copo com água, vaso sanitário, alimentos, a palavra sim, etc.

Quando a criança demonstra determinada necessidade, a mãe/ instrutora lhe mostra o cartão respectivo. Isso vai ocorrer por diversas vezes, até que a própria criança passe a usar o cartão para expressar seus desejos, sem crise e sem problemas de comunicação.

Na foto das estratégias, fig. 45, há uma garrafa. Na AUMA, nós a chamamos de "garrafa hipnótica". É um brinquedo para crianças autistas pequenas que precisam melhorar a concentração e que pode ser usado na área lúdica, na sala de repouso ou no lazer.

Trata-se de uma garrafa de refrigerante, vazia, transparente, na qual colocamos água e uma série de objetos miúdos, como peixinhos de plástico, letrinhas ou contas de colar e ainda gliter para dar brilho ou lantejoulas. As crianças ficam olhando o movimento da água e dos objetos, além do brilho, melhorando a concentração.

A ideia da garrafa surgiu, quando percebi minha filha brincando com os vidros de xampu, perfume ou óleo, para ver as bolinhas de ar subindo e descendo.

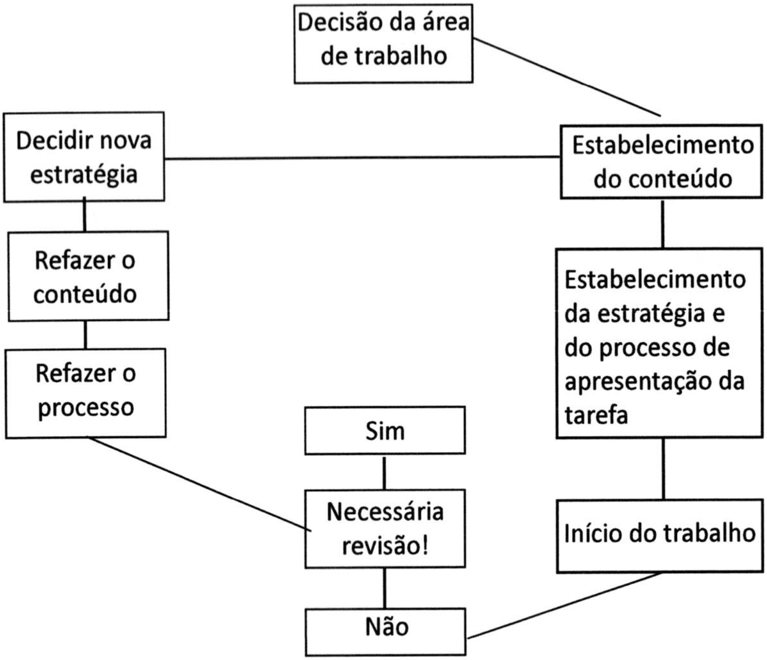

Fig. 48 – Esquema gráfico da tomada de decisão de áreas, conteúdos e estratégias pedagógicas a serem trabalhadas.

Capítulo 5

PROPOSTA DE AVALIAÇÃO E TRATAMENTO BASEADOS NO TEACCH

Os instrumentos de avaliação utilizados apóiam-se nos modelos sugeridos pelo TEACCH.

São eles: o PEP-R: Perfil-Psicoeducacional Revisado e alguns elementos do CARS: Childhood Autism Rating Scale (Escala de Avaliação do Autismo Infantil) e inicia-se a partir do primeiro contato que temos com a criança.

O PEP-R é um instrumento de avaliação muito interessante, porque se baseia em captar informações em diversas áreas e de uma maneira muito peculiar. Muitos testes avaliam a criança em dois níveis somente: conseguir ou fracassar.

O PEP-R fornece um terceiro e único nível, chamado de nível emergente.

Uma resposta emergente é uma resposta em que a criança ainda não adquiriu o conhecimento total ou a habilidade a respeito de algo, porém, não é totalmente leiga sobre o assunto ou atividade.

Em outras palavras, ela não está pronta para responder ou fazer por completo, mas também não deixa de saber alguma coisa a respeito (conhecimento parcial).

Então, ela está começando a entender ou fazer e aí o PEP-R diz que ela está em uma resposta emergente, porque o conhecimento a respeito do raciocínio ou ação está começando a emergir.

As respostas captadas pelo PEP-R são: Passa, Emergente e Insuficiente (naquele momento).

O PEP-R diferencia-se então da maioria dos testes, porque é projetado como um instrumento educacional para o planejamento de programas educacionais especiais individualizados.

O CARS tem por objetivo diagnosticar o autismo em termos de sua classificação patológica, ou seja, brando, moderado, grave e severo/profundo. O CARS pode ainda determinar se a criança é autista ou não.

Logo que a criança chega na AUMA, é realizada uma avaliação com o objetivo de evidenciar as potencialidades e dificuldades dela. Através do PEP-R, são obtidas as seguintes informações:

Escala de Desenvolvimento:

- Imitação
- Percepção
- Motora Fina
- Motora Grossa
- Integração Olho-Mão
- Desempenho Cognitivo
- Desempenho Cognitivo Verbal

Escala de Comportamento:

- Relacionamento
- Materiais
- Sensorial
- Linguagem

Esta escala não só é utilizada para avaliação, mas também para viabilizar o trabalho.

Itens como seguimento de instruções, atenção, cooperação, agressividade, birra, afetividade e noção do eu, são observados durante todo o processo.

A partir dos resultados levantados nesta avaliação, elabora-se um planejamento semestral global, em que os conteúdos pedagógicos estarão se apoiando em um dos dois planos de ensino da AUMA, citados no capítulo anterior, e o qual passará a ser o novo elemento da avaliação ao longo do semestre.

O desenvolvimento do planejamento obedece a uma avaliação contínua, ou seja, diária, através de relatórios que registram as respostas dadas em cada estratégia por cada criança (ver planilha de atividades, fig. 48, e relatório de acompanhamento semanal, fig. 48-A, no capítulo 4).

Este tipo de avaliação e acompanhamento permite a intervenção imediata, ao ser observado um entrave ou uma dificuldade perante qualquer que seja a estratégia, modificando-a ou substituindo-a, a fim de dar fluxo ao desenvolvimento da criança e do seu respectivo planejamento.

No relatório consta não só o aproveitamento pedagógico, mas também o comportamento, a independência geral e em AVDs e reações socioafetivas.

Após os seis meses, todos os dados dos relatórios de cada criança são tabulados e culminam em gráficos por áreas (ver fig. 49), traçados por computador, o que permite que se observe a porcentagem de aproveitamento por área de cada uma delas e isso, por sua vez, orienta o traçado de um novo planejamento que estará sucessivamente sendo avaliado.

Capítulo 6

Alterações sensoriais: os 12 sentidos de Rudolf Steiner e as observações de alterações devido ao Autismo com alguns relatos

Durante anos, observei que havia alterações sensoriais nas crianças autistas com as quais trabalhava, inclusive na minha filha Nathália. Essas crianças apresentavam reações diferentes, podendo ser excessivas ou reduzidas na intensidade, a estímulos visuais, auditivos, táteis e outros.

Mas estas alterações sensoriais que foram identificadas iam além dos cinco sentidos: visão, audição, olfato, paladar e tato.

Na busca constante pelo entendimento das reações das pessoas autistas, entrei em contato com a Antroposofia, uma ciência que percebe o ser humano em seus aspectos biológico, psicológico, social, cognitivo e espiritual. Na Antroposofia, encontrei o livro sobre os 12 sentidos de Rudolf Steiner, bem como o livro de Josef David Yaari sobre o mesmo tema. A leitura dos livros me levou a um mundo de abordagem delicada e sutil de como o ser humano interage consigo próprio, com o mundo e com os outros.

Após 18 anos, decidi aprofundar meus conhecimentos nessa área, contatando o professor Josef Yaari, cuja visita à AUMA resultou na reedição do seu livro. As peculiaridades sensoriais por mim observadas nas pessoas autistas foram registradas no 8º capítulo da edição expandida do livro do Professor Josef, publicado sob o título "Os 12 sentidos - o sentido vital e o sentido da vida". No prefácio, o professor Yaari menciona:

> [...] em 2008, fui surpreendido por um e-mail da Assistente Social Eliana Boralli, dizendo serem meus escritos, material de apoio na compreensão das crianças autistas. O nosso encontro me motivou a reformular mais uma vez todo o conteúdo, adicionando a experiência dela. (YAARI, 2011, p. 11).

As alterações nos 12 sentidos podem ser de maior ou menor intensidade ao serem estimulados. Depois de estudar os 12 sentidos, ficou claro que o ser humano não apenas mantém a organização sensorial, mas também o significado que eles carregam.

É importante registrar que a maioria das pessoas com Transtorno do Espectro Autista -TEA não tem habilidade para relatar suas percepções. Quando os relatos acontecem é porque o nível de desenvolvimento destas pessoas permitiu que isso ocorresse. Daí a importância de observamos atentamente os sinais e as atitudes daquelas pessoas autistas que não podem relatar, pois só assim poderemos ajudá-las. Quanto mais difícil a comunicação da pessoa autista, mais ela precisa do nosso olhar refinado e amoroso para percebê-la e maior terá que ser a nossa paciência.

De acordo com Rudolf Steiner, os 12 sentidos estão divididos em três grupos: vontade, amor e mente, e têm correlação entre si. Cada grupo será descrito abaixo para as pessoas em geral, adicionando as alterações observadas em crianças autistas por meio do meu trabalho na AUMA, com exemplos de relatos de autistas que foram capazes de descrever suas percepções sensoriais.

Os relatos foram colhidos por Theo Peeters em conversas com seus pacientes e registrados em seu livro "Autismo: entendimento teórico e intervenção educacional" de 1998, nas páginas 118 a 122. Theo Peeters é um neurolinguísta belga especialista em TEA.

Vou tecer um paralelo entre os relatos dos pacientes de Theo Peeters e minhas observações das percepções da Nathália. A Nathália se expressa por seus desejos e atitudes. Ela diz se gosta ou não, se quer ou não, mas não narra tudo o que sente a respeito das suas percepções. Eu é que tenho que perceber e fazer esta delicada leitura, porque isso a ajuda na sua vida na medida em que interpreto essas sensações para ela. Se não for assim, não há coerência, não há trabalho. Ela é capaz de dizer se está agitada ou nervosa.

2.3.1 Vontade

Existem os quatro seguintes sentidos no grupo da vontade:

1. Tato;
2. O sentido vital ou orgânico;
3. Movimento;
4. Equilíbrio.

2.3.1.1 Tato

O sentido do tato é aquele por meio do qual o ser humano se relaciona com o mundo da maneira mais material. De certo modo, o ser humano colide constantemente com o mundo exterior, no entanto, o processo de tocar é sentido dentro da pele. Por meio da pele, há o contato com o objeto, mas a percepção do objeto tocado ocorre no lado interno da pele, dentro do corpo. O ser humano é, entre os seres vivos, aquele que tem o tato mais desenvolvido. Quanto mais leve o toque na superfície de um objeto, mais profunda é a sensação tátil. Pelo toque, estabelecemos um vínculo entre nossa vida interior e a realidade interna do objeto. Metaforicamente falando, quanto maior a gentileza, mais profunda é a experiência que se pode experimentar.

2.3.1.1.1 Autismo e as alterações no sentido do tato

Na AUMA, observamos que os alunos mais jovens com autismo têm uma dificuldade significativa em "perceber" as superfícies. Algumas pessoas autistas passam suas vidas buscando incessantemente a sensação de texturas ásperas,

lisas, suaves e rústicas. Elas têm uma atitude compulsiva na busca pela construção da "percepção" do tato. É muito comum ver crianças autistas com objetos de cerdas ou escovas em suas mãos tentando sentir a textura nos dedos ou nos lábios. Quando as crianças são ensinadas, desenvolvem a capacidade de distinguir as texturas cognitivamente.

Observações também mostraram que algumas crianças autistas têm grande dificuldade em aceitar ser abraçadas. Alguns abraçam levemente, e outros exercem força em um abraço, sobre o qual eles não têm controle. É evidente que estão lutando para encontrar a sensação do abraço e contra a dificuldade que existe na construção da percepção. A Dra. Temple Grandin, uma das autistas mais famosas do mundo, PhD em Ciência Animal, expressa sua ambivalência no contato físico em seu livro "A strange girl". Por um lado, ela queria ser abraçada, mas, por outro lado, temia o abraço, enquanto se sentia sufocada quando abraçada.

Quando tinha 18 anos, projetou e construiu um equipamento, chamado de máquina do abraço, onde podia deitar-se entre sacos de couro cheios de ar que comprimiam lentamente seu corpo de forma controlada e na região do corpo que sentia melhor, com a intensidade ideal. Assim, ela poderia praticar tentar desfrutar o abraço, mesmo por uma máquina.

Relato de Therese Joliffe (PEETERS, 1998, p. 120):

> Eu sempre sinto que eu posso entender melhor as coisas através de meus dedos. Dois parentes meus, um que é psicólogo clínico e outro que é psiquiatra, dizem que eu tento compensar o meu déficit auditivo e, particularmente visual, usando meus dedos (como eles dizem) como se eu fosse cega. Meu psiquiatra também disse algo parecido com isto porque eu sempre o puxava e o tocava de uma forma que ele percebeu que, na verdade, eu estava me comunicando com ele, mesmo que fosse de uma maneira ortodoxa.
>
> Por outro lado, eu tenho a tendência de não gostar muito de beijos, abraços e aconchegos. Se eu dou um abraço ou toco em alguém, isto tem que acontecer quando eu quero e não quando o outro quer. Atualmente a única pessoa que recebe abraços meus é meu psiquiatra.
>
> Meu clínico geral disse que meu psiquiatra tem muita sorte, mas eu não consigo entender o que sorte tem a ver com abraço. Usualmente eu também acho o que as pessoas chamam de PIADAS muito difícil de entender e não acho graça, ocasionalmente eu sorrio, mais raramente por eu achar engraçado do que por imitar a risada de alguém. É

> interessante experimentar algo e se sentir seguro se já ouvimos este som antes, quando na verdade você se sente mais seguro do que no primeiro momento. Da mesma forma o que as pessoas chamam de movimentos bizarros com as mãos e caretas não significam estar aborrecido. E sim, dão sensação de controle, segurança e talvez prazer.

Diferentemente de Therese, a Nathália adora abraçar e ser abraçada.

Temple Grandin (PEETERS, 1998 p. 120) escreveu que ela não aguentava a textura de certos tecidos. Nos domingos, ela tinha que vestir roupas para ir à igreja, que eram diferentes das roupas da semana:

> Eu nunca me comportava na igreja, porque a anágua comichava e coçava. As roupas de domingo eram diferentes dos outros dias da semana. A maioria das pessoas se adaptam aos diferentes tipos de roupas em poucos minutos. Mesmo agora, eu evito usar novos tipos de roupas íntimas. Eu levo de três a quatro dias até me sentir completamente adaptada a roupas novas. Quando eu era criança nos domingos que ia à igreja eu ficava enlouquecida com meias e saias. Minhas pernas doíam durante o inverno se eu usasse saia. O problema era a mudança das calças compridas usadas durante a semana e saia nos domingos. Atualmente, eu compro roupas que são parecidas. Meus pais não tinham ideia porque eu me comportava daquela forma. Pequenas mudanças na roupa poderiam melhorar o meu comportamento.

Relato de Therese Joliffe (PEETERS, 1998, p. 120):

> Até a idade de sete ou oito anos de idade, eu gastava horas passando e esfregando os meus dedos na borda de meu travesseiro porque tinha um bordado ao redor. Eu ainda faço isto com diferentes superfícies, especialmente naquelas que são boas e fazem um pouquinho de som; embora eu não goste de superfícies com polietileno. Eu tenho pânico de tocá-lo e de ouvir seu som.

Similarmente a Temple, a Nathália também não gosta de etiquetas e tecidos rendados tocando a pele dela. Ela diz que não gosta e pede pra tirar, e similarmente a Therese, ela também adora passar os dedos em cerdas e cabelos.

Relato de Sean Baron (PEETERS, 1998 p. 120-121):

> Eu me lembro de deitar no chão e tocar o carpete com meus dedos. É uma das primeiras coisas de que me lembro. Sentir que uma superfície não era perfeitamente lisa era errado pra mim. Eu atirava tudo o que não tinha uma sólida superfície. Um tapete em nossa casa tinha muitos sulcos; mexendo com as unhas eu poderia dizer se todos permaneciam os mesmos, embora pudessem parecer diferentes. Eu tinha que "fuçar" até ver se eles não haviam mudado. Eles não deveriam mudar!
>
> Quando eu já estava um pouco mais velho, eu me sentia terrivelmente mal caminhando pela casa com os pés descalços. Eu estranhava e odiava ficar em pé sem sapatos. Meus pés eram muito sensíveis. Então, quando eu tinha que ficar descalço eu ficava na ponta dos pés, porque aí eu podia tocar no carpete.

> Não importava quantas vezes eu tocava nos sulcos do carpete, eu tinha que me assegurar e ter a certeza de que não haviam mudado. Uma das minhas coisas favoritas era correntes; eu adorava sua textura. Cada elo parecia o mesmo e tinha a mesma textura dos outros. Porque as correntes em nossa garagem eram muito altas para que eu pudesse tocá-las, elas eram muito misteriosas para mim - eu queria tanto tocá-las. Como eu não podia tocá-las com as minhas mãos, eu as balançava. Eu realmente adorava o movimento do balanço - eu gostaria de ver correntes de todos os pesos e ângulos. Quanto mais eu as olhava, mais extasiado eu ficava e não queria fazer outra coisa. Era disso que eu gostava. Era a minha rotina. Minha mãe tentava me interromper, mas nunca parava.

Da mesma forma que Sean Baron, Nathália também adora correntes de metal. A Nathália desliza entre os dedos muitos metros de correntes que disponibilizei. Ela sempre me diz que adora corrente. Lembro que quando ela tinha 3 anos e 9 meses, tínhamos acabado de receber o diagnóstico dela e estávamos muito abalados. Naquele ano, fomos passar o Natal em Campos do Jordão e, na hora de abrir os presentes, o dela era um bauzinho de madeira cheinho de correntes. Nunca vou me esquecer da expressão do rostinho dela: pura alegria, só felicidade. Até hoje (2017) quando entramos em uma casa de ferragens ou em uma loja de bijuterias, para achar a Nathália é só se dirigir aos locais onde há correntes. Na bacia em que ela carrega todas as coisas de que ela gosta, isso hoje aos 31 anos (2017), há uma linda e longa corrente.

2.3.1.2 O sentido vital ou orgânico

Mesmo mais profundo no organismo humano do que o senso de tato é o que podemos chamar de sentido vital ou orgânico, no qual o sentido da vida está. É um sentido dentro do organismo em que os seres humanos em geral não estão acostumados a pensar, porque esse sentido da vida age, por assim dizer, de uma maneira sutil. Quando há algum distúrbio dentro do organismo, é logo percebido, mas, em geral, nem percebemos a ação conjunta de todos os órgãos que se manifesta no estado de vigília diária como uma sensação de vida ou como uma disposição vital. É um sentimento relacionado ao bem-estar. Quando não nos sentimos bem, sentimos que devemos fazer algo para recuperar e restaurar o sentimento de bem-estar novamente. Não teríamos sentido o nosso processo de vida se não tivéssemos esse sentido interior da vida.

2.3.1.2.1 Autismo e as alterações no sentido vital ou orgânico

Quanto ao sentido vital ou orgânico, que é a própria essência da vida, as alterações foram observadas em uma quantidade significativa de crianças autistas. Alguns não têm medo do perigo: eles podem atravessar uma rua sem se preocupar com um caminhão, um carro ou a possibilidade de ficar sem a vida. Não há defesa da vida, porque provavelmente o sentido vital ou orgânico não está funcionando corretamente. Outra alteração deste sentido está relacionada ao fato de que alguns autistas não sentem dor. Dados surpreendentes vieram dos relatos de duas mães de crianças autistas: uma dizia que o filho adorava tomar uma injeção, e outro que a filha usava o chuveiro com poucas gotas de água caindo, absolutamente quente, sem sentir a alta temperatura ou até mesmo eventual queimação.

2.3.1.3 Movimento

O sentido do movimento, também chamado de sentido sinestésico, é mais interiorizado do que o sentido da vida. Embora o significado da vida, em certa medida, esteja relacionado com a situação global do nosso organismo como bem-estar ou não, o sentido do movimento está relacionado a perceber que os membros de nosso corpo se movem junto, não só quando todo o corpo se move, mas quando um braço ou uma perna são movidos. Durante a fala, a laringe se move. Toda essa percepção do movimento interno, ou mudança de posição de cada membro é registrada por meio do sentido do movimento. São, portanto, os movimentos internos que são entendidos como a direção do movimento. Quando se move para fora de si, também há movimento dentro de si.

2.3.1.3.1 Autismo e as alterações no sentido do movimento

Quanto ao movimento, está relacionado à coordenação motora grossa e fina e, nas crianças autistas, percebe-se uma irregularidade no desenvolvimento dessas habilidades. O andar apresenta desequilíbrio. A maioria das crianças autistas tropeça, sem dissociação de movimentos, têm movimentos em bloco, com rigidez muscular. Alguns andam na ponta dos pés. No que diz respeito ao controle motor fino, eles demonstram um atraso na aprendizagem de movimentos sutis como o nó, o corte com tesoura, e até a escrita é praticamente impossível para uma grande maioria. O movimento de pinça e a trípode dinâmica são bastante prejudicados. Ainda há aqueles que fazem um movimento decodificando em uma cor. Nathália, minha filha, diz que "correr é vermelho"!

2.3.1.4 Equilíbrio

A sensação de equilíbrio quase passa sem ser percebida na vida normal. No entanto, quando alguém se sente tonto e cai, é porque a sensação de equilíbrio foi interrompida. Mas o que é equilíbrio? Falar de equilíbrio é falar de nossa relação com o espaço que criamos. A busca do equilíbrio é um trabalho que, em um nível físico, é quase imperceptível, precisamente porque desconhecemos o desempenho das forças de nossa vontade. Da mesma forma que percebemos a mudança interna de posição, percebemos nosso equilíbrio simplesmente nos relacionando com os fatores ligados à altura, à profundidade, à direita, à esquerda, e nos posicionamos no mundo de forma a nos sentirmos dentro dele - o sentido que estamos agora é em pé. Portanto, esse equilíbrio é percebido por nós por meio do sentido do equilíbrio. A sensação de desequilíbrio ocorre quando o nível de endolinfa nos utrículos muda. Além disso, nossa relação com a gravidade é dada por estatoides e estatocistos, e ainda existe uma última conexão entre a respiração e o ritmo de exo e endolinfa. Um utrículo em relação a outro, em ambos os ouvidos, dá-nos a sensação de tridimensionalidade.

2.3.1.4.1 Autismo e as alterações no sentido do equilíbrio

Quanto ao sentido do equilíbrio, observei que as crianças autistas realmente têm, especialmente na primeira etapa do desenvolvimento, uma dificuldade extrema de caminhar com equilíbrio, então elas caem muito. No entanto, o oposto também pode acontecer, pois há crianças que caminham sobre portões com pontas de lança com equilíbrio absoluto, sem cair. Há mesmo aqueles que, até quando girados com insistência, em cadeiras giratórias ou redes, não ficam tontos e não perdem o equilíbrio. Mas o que é muito importante de se registrar é que as crianças autistas têm uma grande dificuldade em aprender conceitos básicos, como em cima e embaixo, e também de direita e esquerda - lateralidade.

2.3.2 Amor

Existem os quatro seguintes sentidos no grupo do amor:

1. Visão;
2. Olfato;
3. Paladar;
4. Sentido térmico.

2.3.2.1 Visão

O sentido da visão busca a sensação de luz, mas, ao buscá-la, encontra sua manifestação - a cor. Nossos olhos se desenvolvem para a sensação de superfícies coloridas ou iluminadas. É importante enfatizar que a sensação de forma ou movimento não é dada pela visão, caso contrário uma pessoa cega não teria essas sensações. Com a sensação de visão, internalizamos as características do mundo exterior.

2.3.2.1.1 Autismo e a peculiaridade do sentido da visão

Entre todos os sentidos, a visão é uma peculiaridade em pessoas autistas. Eles são principalmente visuais. E o que é ser um ser visual? É ser uma pessoa que entende o mundo principalmente por meio das imagens vistas.

Relato de Donna Willians (PEETERS, 1998, p. 119):

> Eu amo olhar para luzes, em metais brilhantes e em tudo que faísca. Donna Willians fala sobre fascinação hipnotizante de partículas de pó contra a luz. Ela também gosta de piscar seus olhos ou ligar e desligar a luz rapidamente, a fim de ter um efeito de luz estroboscópica.

Como Donna Willians, a Nathália também gosta de movimento de luzes e brilho. Quando ela era pequena, com uns 3 anos, ela ficava virando um frasco transparente de xampu também transparente e meio rosa que eu tinha. Ela ficava acompanhando a subida e a descida das bolhinhas quando virava o frasco de ponta-cabeça e o voltava para a posição original. Eu percebia que era um raro momento em que ela exercitava a atenção concentrada em alguma coisa. Então fiz uma garrafa para ela, que eu chamei de garrafa hipnótica. Era uma garrafa de refrigerante transparente com água, glitter prateado, bichinhos e peixinhos de plástico bem miúdos. Ela adorava a garrafa hipnótica, e esta garrafa foi a responsável por termos conseguido aumentar seu tempo de atenção concentrada e por ela ter aprendido atenção conjunta. Estar aberto para ver o outro faz toda a diferença.

2.3.2.2 Olfato

Por meio do olfato, as pessoas procuram experimentar diferentes possibilidades de cheiros, e essa é outra maneira de internalizar uma qualidade das coisas do mundo exterior. O cheiro nos traz certa qualidade interna das coisas e, muitas vezes, é a única maneira de reconhecer um objeto. Muitos autores nos dizem que esse sentido é o educador para nossa busca de sutileza.

2.3.2.2.1 *Autismo e as alterações no olfato*

Algumas crianças autistas apresentam alterações no sentido olfativo. Seu contato com o mundo é principalmente estabelecido por meio dos cheiros dos objetos. Dessa forma, independentemente da idade, eles cheiram com insistência todos os objetos. É considerado um perfil que denuncia maior grau de comprometimento para o aprendizado.

2.3.2.3 Paladar

Por meio do paladar, as pessoas procuram experimentar as diferentes possibilidades de sabores. O paladar também nos leva à certa qualidade interna das coisas. É comum ver crianças dispostas a sentir o gosto de tudo, começando seu contato com o mundo colocando coisas na boca. De fato, tais percepções podem ser o primeiro caminho para entender o mundo, pois elas fornecem dados imediatos sobre a realidade, sem necessitar de formas adicionais de inteligência. Considerando a percepção da doçura, por exemplo, a experiência do gosto torna-se mais importante que o próprio objeto.

2.3.2.3.1 *Autismo e as alterações no paladar*

Algumas crianças autistas apresentam alterações no sentido gustativo. Seu contato com o mundo é estabelecido por meio dos gostos dos objetos. Independentemente da idade, eles insistentemente levam as coisas à sua boca. Também é considerado um perfil que denuncia um maior grau de dificuldade de aprendizagem, especialmente se a idade da criança for superior a quatro anos. A aprendizagem não acontece, por mais que se tente sentir o sabor das coisas.

É comum que um número significativo de crianças autistas nunca se sintam saciadas. Elas comem compulsivamente, às vezes, sem mastigar, exigindo intervenção para parar a ingestão de alimentos. É como se eles não sentissem o gosto. Alguns gostam muito do vinagre e do limão, outras crianças comem sal compulsivamente. Mesmo a alimentos doces, elas adicionam sal. Algumas crianças autistas que comem sal dizem que sentem frio.

Relato de Sean Baron (PEETERS, 1998, p. 120):

> Eu tenho um grande problema com comida. Eu gosto de comer o que é leve e simples. Minhas comidas preferidas são cereais (secos com leite), pão, panquecas, macarrão e espaguete, batatas e leite. Porque estas foram as primeiras comidas que experimentei eu as acho confortáveis e calmantes. Eu não quero provar nada novo. Eu era supersensível à textura de certos alimentos e tinha que tocar com os dedos na comida antes de levá-las à boca. Eu realmente odeio quando a comida é misturada como por exemplo, massa com vegetais ou recheios para sanduíches. Eu NUNCA, NUNCA colocaria isto em minha boca. Eu sei que se o fizesse eu iria ficar gravemente doente.
>
> Uma vez, quando eu era pequeno, tentei comer banana com minha avó, mas eu não consegui. E a partir daí, eu me recusei a comer qualquer fruta. Eu gostaria de comer somente o que estou acostumado; outras comidas são ameaçadoras para mim. Quando minha mãe tenta me dar coisas novas para comer, eu fico muito bravo, EU SEI O QUE EU QUERO!

A Nathália adora pão, cereais, macarrão espaguete a óleo e alho, batata, leite e ovos, mas também come todo tipo de fruta. Só recentemente passou a ter coragem de experimentar carne, legumes e verduras, e ingeri-los ainda que raramente. Na infância, ela entrava em crise de choro e desespero se oferecêssemos um alimento novo ainda que com todo cuidado. Recordo que quando ela estava com 4 meses, eu ainda não sabia do diagnóstico dela. Ela já estava se alimentando de papa salgada, que eu fazia com legumes frescos e músculo picado. Após cozidos, batia no multimixer e oferecia a ela. Um dia, observei que ela estava com as bochechas duras e eu não conseguia mais pôr a colherzinha em sua boca. Abri a boca da Nathália e vi duas bolinhas de carne, uma em cada bochecha. Ela engolia a papa filtrando o músculo batido. Não conseguia acreditar naquilo, e passei a dar papa salgada só com o caldo do músculo. A resistência à carne permanece até hoje (2017).

2.3.2.4 Sentido térmico

O sentido térmico está relacionado à sensação de calor e frio, e é muito diferente da sensação tátil. A sensação de frio e calor perto de um objeto faz com que se viva intensamente essa relação com o objeto e se experimente intensamente o interior do objeto percebido. O sentido térmico é o educador da sensibilidade.

2.3.2.4.1 Autismo e as alterações no sentido térmico

As observações mostraram que há crianças autistas com o seu sentido térmico alterado. Quando o tempo está muito quente, é comum ver as crianças autistas andando com as jaquetas de uniforme fechadas como se estivesse frio. O contrário ocorre no inverno, quando essas mesmas crianças procuram camiseta para usar como se estivesse quente. Essas mesmas crianças, quando ensinadas, são capazes de tatear uma garrafa com água gelada e outra com água quente, e distinguir o que é quente do que é frio. O próprio eu está diretamente ligado ao sentido térmico.

2.3.3 Mente

Existem os quatro seguintes sentidos no grupo da mente:

1. Audição;
2. Linguagem;
3. Pensamento;
4. Sentido do eu.

2.3.3.1 Audição

Por meio do sentido de audição, as pessoas procuram experimentar diferentes possibilidades de sons, que, por sua vez, levam diretamente ao mundo físico. Os sons são formados quando fazemos vibrar as coisas, e a música é a característica mais nobre do som. Por que a música toca a alma humana tão profundamente? Quando nos permitimos a experiência de ouvir qualquer fenômeno ao longo de um tempo, podemos entender como além da vida cotidiana, um mundo revela-se intensamente. Ouvir educa o interior para a experiência da vibração inaudível do universo.

2.3.3.1.1 Autismo e as alterações no sentido de audição

No que diz respeito ao sentido de audição, li depoimentos de Jim Sinclair, um psicólogo americano, também asperger (autista sem deficiência intelectual), que afirmou que no momento em que ouve um som, sente um grande desconforto e, ao ouvir um som, o feedback final é uma cor. Em muitas observações, as crianças autistas foram vistas cobrindo as orelhas com as mãos, dedos ou objetos quando ouviram sons de motores, liquidificadores, secadores de cabelo, aviões que voam em baixa altitude, bem como muitas pessoas falando em uma festa. Há também crianças com perfil auditivo cognitivo que entram em contato com objetos por meio de seus sons. Eles batem repetidamente os objetos na mesa ou uns nos outros, procurando por seus sons.

Em 2003, Paulo, um homem de 32 anos que era um asperger - uma pessoa autista sem deficiência intelectual - visitou a AUMA. Ele tinha estudado para ser um eletricista e falou de seus dramas e dificuldades com a propriedade permitida àqueles que vivem o Transtorno. Aprender com ele era como aprender com um mestre, e ele trouxe a explicação da dor que ele sentiu ao ouvir certos sons: o som causa uma dor semelhante à resultante da broca de um dentista que toca um nervo, disse ele.

Relato da Dra. Temple Grandin (PEETERS, 1998 p. 118-119):

> Eu escuto como se tivesse um controle no ouvido e este estivesse no máximo. E também como se fosse um microfone que captasse tudo. Eu tenho duas opções: deixá-lo ligado e ficar atordoada com o som ou desligá-lo e agir como se fosse surda (bloqueador auditivo). Testes de audição indicaram que minha audição é normal. Mas eu não consigo modular a minha audição. Muitos autistas têm problemas em modular as entradas sensoriais.

Relato de Thereze Joliffe (PEETERS, 1998 p. 118-119):

> Durante toda a minha vida, eu tenho tido tantas dificuldades para entender os sons como para entender palavras. Eu cheguei a esta conclusão recentemente, que, se eu continuo amedrontado com tantos sons, obviamente eu não saberei interpretá-los corretamente. Os sons seguintes me incomodam tanto que eu tenho que tapar os ouvidos: tiros, lugares barulhentos cheios de gente, toque em polietileno, toque em balões, carros barulhentos, trens, caminhões, motos e aviões, veículos barulhentos em locais de construção, martelar e pregar, ferramentas elétricas, o barulho do mar, o barulho do velcro e giz no quadro, fogos de artifício. Apesar disto, eu posso ler as músicas e cantá-las, e existem algumas músicas que eu adoro.

Relato de Donna Willians (PEETERS, 1998, p. 119): "Em meu mundo de horror dos sons, o som do metal era uma exceção. Eu realmente gostei. Infelizmente para a minha mãe, a campainha da porta tinha este som e eu passava o tempo todo obsessivamente a tocando".

2.3.3.2 Linguagem

A linguagem sempre usa o movimento, seja das mãos, seja do corpo inteiro, seja de outro elemento, sendo a fala a forma mais internalizada dessa realidade. Todo o idioma, no entanto, expressa uma realidade interna não física. Assim, quando falamos ou realizamos uma música, usamos o movimento para expressar algo muito além desse mesmo movimento.

2.3.3.2.1 Autismo e as alterações no sentido da linguagem

Quanto à linguagem, 60% das crianças autistas não podem falar. E quando há algum discurso, a expressão do mundo interior é totalmente diferente. A terceira pessoa é usada para se referir à primeira. Há ecolalia - discurso por repetição do discurso do outro, bem como ausência de pronomes possessivos da primeira e segunda pessoa: meu e seu, que estão ligados ao sentido do eu.

2.3.3.3 Pensamento

Para explicar melhor esse sentido, as palavras de Steiner (1988, p. 19-20) são usadas:

> É da natureza do pensar o fato de o pensador esquecer o pensar enquanto o efetua. O pensador não se ocupa do pensar, mas do objeto do pensar, que ele observa. Dessa forma, a primeira observação que faz, relativamente ao pensar, é que constitui o componente inobservado de nossa vida mental comum. O pensar não é observado pela simples razão de constituir nossa própria atividade. Enquanto reflito sobre o objeto, ocupo-me do mesmo; toda a minha atenção a ele é dirigida. Esta ocupação é, precisamente, a atividade pensante. No fundo do pensar está o Eu.

2.3.3.3.1 Autismo e as alterações no sentido do pensamento

O pensamento em crianças autistas é estabelecido por imagens. Em um rolo de filme, as imagens se seguem para a criação de uma cena e/ou de uma história. Do mesmo modo, o pensamento em crianças autistas é formado, de acordo com a Dr. Temple Grandin, autista, PhD em Ciência Animal e professora na Colorado State University, EUA.

Quanto aos cálculos, de acordo com Tammet (2007) em seu livro "Nascido em um dia azul", os dois números de cálculos são vistos como formas diferentes. Entre os dígitos, a imagem muda, e uma terceira forma emerge - a resposta certa. O processo demora alguns segundos e ocorre espontaneamente. É como praticar matemática sem ter que pensar. Ele nunca cometeu um erro nos cálculos desde a infância e é considerado um gênio matemático. Ele memorizou 22.514 posições decimais do número PI e também pode aprender línguas estrangeiras em uma semana. Os cientistas o consideram uma das chaves para entender como a mente funciona.

Figura 49 - Maneira de calcular de Daniel Tammet

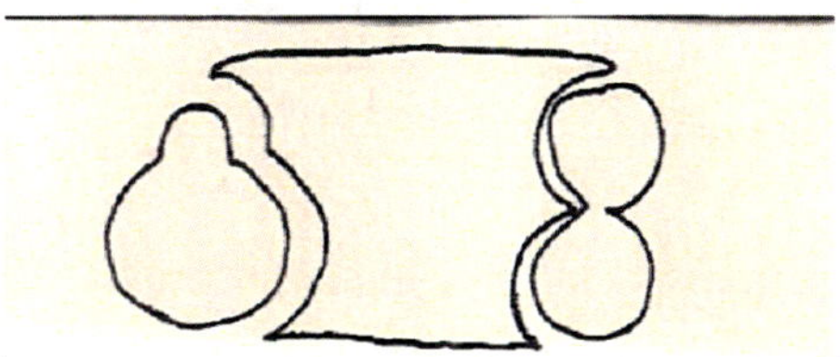

53 131

6943

Fonte: Tammet (2007).

2.3.3.4 Sentido do Eu

Quando a pessoa tem cerca de três anos de idade, há a identificação de si mesmo e o início do uso do pronome "eu" - um fenômeno cujo alcance raramente é vislumbrado. Existe a sensação constante do que define um ser e do que o diferencia de qualquer outra coisa. É o eu no fundo de qualquer fenômeno humano. E quanto mais alguém se percebe, mais profundamente também percebe o eu do outro. De acordo com Steiner (2012, p. 13-14):

> [...] nós penetramos mais intimamente no mundo exterior não quando meramente percebemos com o sentido da audição algo que soa, e sim quando percebemos, por meio do sentido da palavra, algo que tenha significado. Por outro lado, porém, ao perceber a palavra eu não me interiorizo no objeto, partindo de seu exterior, quanto ao percebê-lo pelo sentido do pensamento. Contudo, existe uma diferença entre a percepção da mera palavra, do soar pleno de sentido, e a verdadeira percepção do pensamento por detrás da palavra. A palavra já é percebida quando está separada do pensamento, por meio de gravações, ou mesmo quando se trata de palavra escrita. Porém no relacionamento vivo com o ser que emite a palavra eu posso transportar-me imediatamente, por meio dessa palavra, para dentro desse ser que aí está pensando, desse ser capaz de representações mentais, e isto requer sentido mais profundo do que o mero sentido da palavra - isto requer o sentido do pensar. E um relacionamento mais íntimo com o mundo exterior do que aquele proporcionado pelo sentido do pensar nos é dado pelo sentido que nos possibilita sentir-nos unos com outro ser, passando a senti-lo como a nós mesmos. Isto acontece ao percebermos - por meio do pensar, do pensar vivo que nos é enviado por um ser - o eu desse ser: é o sentido do eu.

2.3.3.4.1 Autismo e as alterações no sentido do Eu

As alterações no sentido do eu tornam-se claras quando a criança autista mostra não entender a ideia da outra pessoa. Há uma perda social devido à não compreensão das explicações e justificativas do outro, da não compreensão do que o outro pensa - Teoria da Mente - nem da previsão do comportamento do outro. A previsão do comportamento do outro só será construída após algum tempo de convivência com uma determinada pessoa. No entanto, é uma previsão específica para cada pessoa e que é dada por registro e associações, e não por interpretação ou pela compreensão global do comportamento humano. Sem a referência de um "eu", como entender o "eu" do outro? As pessoas autistas têm dificuldade em desenvolver empatia, embora minhas observações tenham mostrado que elas podem desenvolvê-la em uma porcentagem baixa e com um padrão diferente do típico. Também é possível que autistas do nível 1 (DSM-5) sejam capazes de desenvolver o "eu".

Minha filha Nathália mostrou entendimento do seu próprio eu quando tinha 13 anos, e foi um momento em que ela demonstrou muita felicidade por ter conseguido entender. Ela falava alto, quase gritando:

-"Mamãe, eu estou sentada no sofá!"

"Mamãe, eu estou vendo televisão!"

"Mamãe, eu estou chamando a mamãe!"

Foi um dia especial para ela e para mim, mas ela ainda alterna o uso da primeira e da terceira pessoa na linguagem.

Figura 50 - Celebração

A foto da figura 50 foi tirada no dia 19 de outubro de 2013, dia em que a Nathália, feliz e radiante, celebrou com toda a família as Bodas de Diamante dos meus pais, seus avós.

As observações sobre os 12 sentidos podem abrir o entendimento para um mundo novo. Um mundo que nos faz olhar para ver, de forma sensível, quão difícil é a vida dos autistas. König (1985, p. 112), com visão antroposófica, aponta para uma possível direção a seguir:

> O homem em crescimento se entrega ao âmbito terreno, e passa a preocupar-se com seu destino. Pois quando adquire o sentido do eu, a este fica como prenda vitalícia, que a partir deste momento (de aquisição) o terá por toda a vida. Desta maneira, de forma semelhante, o sentido da linguagem abre a este homem todo o tesouro das palavras e o sentido do pensamento lhe revela toda a sabedoria daquilo que veio e do que virá a ser.

Uma compreensão mais profunda dos 12 sentidos e das alterações deles nas crianças autistas poderá ajudá-las a desenvolver cognitivamente o entendimento, o que lhes daria uma melhor qualidade de vida.

E é com estas sábias palavras da Dra. Temple Grandin (PEETERS, 1998, p. 120) que encerro este tema: "Pequenas mudanças na roupa poderiam melhorar o meu comportamento".

Se tivessem "olhado para vê-la", ela teria tido dias melhores. É isso que intenciono deixar enfatizado aos educadores e a todos aqueles que participam da educação: temos sempre que olhar o outro!

Aqui falamos da educação para pessoas autistas, mas reitero, respeitar e estar atento à individualidade de cada um é válido para todos em todas as áreas em que se trabalha com seres humanos, pois cada um de nós é único.

É imprescindível que todo educador desenvolva a sensibilidade de "olhar para ver", "ver e entender", "entender e intervir" respeitando a individualidade. Como nos diz Irmã Yared: "O desafio é envolver os educadores num projeto que é de todos; é desnudar-se para, na essência do ser, ser, e numa relação dialógica e na pesquisa, descobrir-se interdisciplinar" (YARED, 2013, p. 32).

Capítulo 7

RELATO DE CASOS

Fig. 51 – Crianças apresentando número *musical de Natal em festa externa à escola.*

No capítulo 3, mencionei que relataria alguns casos, onde algumas das crianças, através da sua vivência, estariam mostrando o quanto é possível e real um processo educacional que privilegia o pensamento, concomitantemente à independência e subsistência. O quanto é importante uma criança sentir-se respeitada e segura para opinar, para se mostrar e para escolher.

Então, relatarei dez casos, mas poderiam ser muitos. Poderia dedicar muitas folhas deste trabalho registrando cada faceta, cada detalhe, cada momento igualmente importante que vivenciei e vivencio no meu dia a dia.

NATHÁLIA – 9 ANOS

(2013 – 27 anos)

Era sábado. Nathália estava com uma forte crise de sinusite. Estava sendo medicada com um antibiótico, o Cefamox. Este antibiótico alterou sua flora vaginal provocando uma monilíase, produzindo escoriações e sangramento.

Fiquei extremamente ansiosa porque a princípio pensei em uma menstruação precoce. Conversei com Nathália sobre o fato.

Passados o domingo e a segunda-feira, não comentei nada com a sua instrutora. Na terça-feira, as crianças tiveram aula de artes com pintura livre.

Na quarta, a instrutora dela veio contar-me sua surpresa diante do desenho da Nathália. Ela utilizou-se apenas de muita tinta vermelha, com algumas pinceladas em marrom.

Aí a instrutora perguntou-lhe:

– O que você desenhou? E a Nathália respondeu:

– A menstruação!

A instrutora continuou os trabalhos normalmente.

Agora pergunto, se a Nathália já não tivesse sido orientada sobre a menstruação, será que teria conseguido elaborar tão bem este episódio? A escola lhe deu segurança ou não a ponto dela expressar o fato? Um outro episódio igualmente interessante aconteceu em um Natal. Era final de ano eu estava encerrando as atividades. A escola estava toda decorada para o Natal, festa com doces e a entrega dos presentes atingiu o seu ápice com a chegada do Papai Noel. Finalmente, ele chegou batendo um sino e trazendo os presentes.

Uma das crianças sentou-se no seu colo e de lá só saiu quando lhe foi solicitado. Outro ficou olhando à distância e rindo muito, chegava mais perto e saía correndo como que tentando uma brincadeira.

De repente, Nathália se aproximou em um estado meio que de êxtase e exclamou:

– Papai Noel é de verdade!

Em seguida, o Papai Noel lhe solicitou um beijo e ela deu. Este episódio está gravado em fita de vídeo na Associação. Um momento raro e sublime! Será que dá para negar tudo o que aconteceu aqui?

A propósito, Nathália hoje está alfabetizada e já lê com fluência até a revista "CARAS."

É comum ela me dizer: "mamãe, eu vi o quadro da Hebe na revista Caras. Ela estava com o Amauri Júnior no jantar".

Foram necessários 11 anos para que o processo chegasse aonde chegou. Nathália além de autismo tem também ataxia, que faz com que suas mãos tenham um certo tremor involuntário. Mas ela aprendeu a escrever com letras prontas e está agora aprendendo computação.

Um dos dias mais importantes de nossas vidas (para mim, sua mãe e para ela), foi quando ela assinou seus documentos: Carteira de Identidade, Título de Eleitor e CPF.

As palavras não condizem com a verdade da emoção que nós duas sentimos!

Um outro momento que marcou muito também minha convivência com minha filha, foi quando aos 13 anos, ela de frente para o espelho do banheiro, me chamou e me disse:

"Mãe, não quero mais este cabelo!" (nesta fase ela usava franja como eu).

Então eu lhe disse:

"Por que Nathália?" E ela me respondeu: "Porque ele está muito meio mal quebrado."

Perguntei a ela então como ela queria o seu cabelo e ela me respondeu que queria ele assim, e fez o gesto para o lado e um som: "Tchum". Assim mamãe, do lado.

E até hoje ela usa o cabelo do lado e sem franja e quando às vezes estou ajudando-a a se pentear e me esqueço, ela logo me corrige: "mãe, está errado, é do lado" e arruma com a escova o seu cabelo do lado.

Minha muito amada filha Nathália é uma cidadã brasileira, com parte dos seus direitos de cidadã garantidos, graças ao amor, à luta e ao fato de que sempre acreditei nela.

Minha alegria como ser humano foi ainda maior, porque pudemos comemorar juntos eu, a Sra. Sílvia Alves da Silva e mãe do Felipe, nosso aluno há 12 anos e o Senhor Eduardo, pai do André Augusto. Todos com seus documentos de cidadãos brasileiros assinados por eles. Quando me perguntam que processo uso para alfabetizar os alunos, respondo que uso o processo tradicional.

A cartilha se apoia em modelos muito parecidos com a cartilha "Caminho Suave", que é antiga, mas eficiente.

Após ter tentado vários processos de alfabetização, entre eles o construtivista, sem resultados efetivos, optei pelo tradicional e pela somatória de outras correntes e outros autores sempre com uma visão eclética. Obviamente que a cartilha sofreu adaptações quanto à limpeza do campo visual.

O fato, é que inúmeras crianças a partir de então deslancharam e evoluíram.

Conheço a crítica desta forma de alfabetização silábica. Segundo os teóricos, a alfabetização silábica tradicional torna o vocabulário do alfabetizando menos rico e com maior dificuldade de formação de textos criativos e críticos.

Entretanto, deixo aqui um questionamento: "O que seria mais eficaz: Termos um autista não alfabetizado após longo período de tentativas fracassadas com modelos mais modernos e apregoados como mais eficientes ou um autista com vocabulário menor e talvez menos criativo, mas alfabetizado?"

A resposta não lhe parece óbvia?

Deixo registrado aqui então, as sábias palavras da professora Luiza L. Gavaldon, no seu livro "Alfabetização e Construtivismo" – A TEORIA – O RESGATE – 2ª Edição – Editora Edicon, 2005, página 77:

"Jogar tudo fora em nome de uma nova proposta é ser irracional, é não ter consciência das necessidades reais de uma criança. Ignorar novas propostas é ser cristalizado, resistente à mudanças e às coisas boas que elas nos proporcionam.

O ideal, o que se espera, é bom senso, é que cada um tenha a noção exata do que a criança precisa, por qual momento ela passa, em que estágio está seu desenvolvimento. O que se espera é que o professor associe tanto o que já existia, como do que vem sendo descoberto e proceda a sua mudança de forma coerente. E que o professor tenha conhecimento das necessidades de seus alunos e as coloque como metas, objetivos a ser atingidos, não esquecendo que sua tarefa é a de construir um ser humano, um cidadão participativo na sociedade e auto-realizado, o que possivelmente irá acontecer, se for respeitado no seu todo, se tiver a oportunidade de se desenvolver no tempo certo, em condições favoráveis e tendo todas as condições não só de sobreviver, mas de viver em plenitude e, quem sabe um dia, atingir a sua integridade."

MATIAS - 7 ANOS

Estávamos realizando uma atividade de socialização em passeio na comunidade. O Matias, ao sair da escola, disse:

– Quero outro caminho à direita. Não é por este caminho, é do outro lado.

Isto é simples? Mas foi preciso que a criança tivesse sido ensinada a ter direito à sua própria opinião para poder expressá-la com tanta segurança. Além do mais, lateralidade é um elemento psicomotor que em crianças ditas normais deve estar amadurecido neurologicamente aos sete anos de idade. Seu discurso evidenciou este amadurecimento mesmo apesar do seu diagnóstico.

Em uma outra ocasião, o Matias disse à sua mãe que não queria ir para a escola. É que havia um outro coleguinha que estava com problemas comportamentais, em fase de adaptação na escola.

O Matias não só foi capaz de fazer a leitura de uma situação indesejável como também de expor sua opinião a respeito. Será que se ele não tivesse tido a condição de expor seus medos e desejos, também não estaria desencadeando outros problemas comportamentais, como irritabilidade e nervosismo? Devemos ou não ouvir nossos alunos autistas?

FELIPE – 8 ANOS (Em 2019 36 anos)

Felipe é um Jovem de alto funcionamento, aprendeu a ler sozinho aos 3 anos de idade. Na AUMA, aprendeu a escrever e fazer cálculos. Hoje em dia, com 19 anos, utiliza livros didáticos, é absolutamente independente e expressa firmemente suas opiniões, as quais falarei mais adiante.

Mas quando ele tinha oito anos, estava trocando os dentes da frente. A partir do momento em que os dois dentes maiores da frente caíram (incisivos centrais), negou-se terminantemente a sair de casa para ir para qualquer outro lugar com seus pais.

Sua mãe nos informou que o único lugar que o Felipe aceitava ir era para a AUMA. Até mesmo a padaria, que ele gostava tanto de ir, não queria mais.

O Felipe foi respeitado e foram interpretados para ele conceitos de vergonha, medo, mudança etc. Após algum tempo, seus dentes permanentes nasceram. Estava acontecendo um curso de instrumentalização de pais na Associação e o Felipe quis ver o pessoal. Quando percebeu que todos olharam para ele, disse:

– Ai! Eu estou feio, estou com medo!

Nesse mesmo dia, notou que uma das instrutoras que estava em treinamento fazia parte do grupo e, portanto, não estava dando aula.

Então, disse:

– Ah! Você não foi embora! Você está aí! Gostei de você, viu?! Será que se podem negar os sentimentos de uma criança autista? Se esta criança estivesse sendo submetida a uma educação super-rígida, teria tido segurança, liberdade e autonomia para se expor a esse nível?

A propósito, Felipe naquela época já tinha escolhido o que queria fazer quando crescesse. Ele queria trabalhar com computação. Tem enorme interesse pela área. Em função disso, já está frequentando aulas de computação na AUMA.

O material pedagógico no qual me apoiei para educar o Felipe são os livros de Linguagem, Matemática, Ciências e Estudos Sociais de uma editora que a rede regular de ensino também se utiliza. Além dos livros, o Felipe tem seu trabalho enriquecido com vários exercícios de uso de dicionário além de outros livros.

Mas, falando um pouco mais sobre a autonomia dos alunos, gostaria de registrar que Nathália, Felipe e André Augusto, após 3 anos de estudos, "fizeram primeira comunhão".

Para que isto?

Simplesmente porque eles têm direito. O trabalho foi realizado de forma totalmente visual e não houve direcionamento para nenhuma religião.

Mas como as famílias eram cristãs, o evento se efetivou.

Durante a organização, Felipe me chamou um certo dia e me disse: "Tia Li, eu vou fazer a primeira comunhão, porque já estudei mesmo e porque minha mãe acha bom, mas depois quero que saiba que não vou mais à missa, pois eu sou Evangélico e gosto de ouvir os

cultos pelo rádio".

Felipe também fez a opção de não ir para uma escola regular, embora esteja absolutamente pronto para isto. Apesar de eu ter explicado para ele todas as vantagens, ele afirma que ele ama a AUMA e não admite em hipótese alguma sua transferência. Esta é também uma opção da família.

FERNANDO – 8 ANOS (NÃO-VERBAL)

Julgo importante descrever um pouco a respeito do Fernando antes de contar sobre o seu caso. Ele chegou na AUMA vindo de muitas outras intervenções inadequadas e, na última, foi encaminhado para uma escola de surdos-mudos com este diagnóstico, mais o agravante de retardamento mental grave. É desta criança que vou falar.

Estávamos comemorando o aniversário dele. Na AUMA, temos como proposta comemorarmos o aniversário das crianças através de uma festa tradicional. As festas são comunicadas a todos os alunos das outras salas e, na sala de aula do aniversariante, através de um cartão de "dica visual" de festa, no painel geral de atividades, que é um quadro bem grande. O cartão fica na parte de cima do painel.

Quando o Fernando entrou na sala de aula e viu o cartão preparado para montar o programa, em cima da estante, colocou-o rapidamente no seu programa individual. Apontou para o cartão e para ele mesmo e pulava e gargalhava alto.

Na hora da festa, quando todas as crianças se dirigiram para onde a mesa estava posta, o Fernando fez questão de pegar o seu cartão de festa e colocar na placa da cozinha, perto do bolo, onde constava o seu nome.

Agora pergunto, não teria sido essa a expressão máxima do seu "eu"? Esta criança, mesmo não falando, foi ou não capaz de expressar seus sentimentos? Se toda a proposta da escola não buscasse tão insistentemente a normalização, através de um bom clima socioafetivo, entre outros aspectos, esta criança – que chegou com um diagnóstico de retardamento mental grave – teria chegado a este nível de consciência e participação?

Um outro episódio aconteceu com o Fernando e é a prova da importância da educação direcionada para o pensar concomitantemente ao fazer, com conteúdos programados.

As crianças iam sair para passear de Kombi. Ao chegar no veículo, o Fernando percebeu que faltavam os bancos e que eles não teriam onde sentar. Então, imediatamente "contou" as crianças que iriam passear: entrou na escola e pegou a quantidade necessária de banquinhos para que todas as crianças que fossem passear pudessem ir sentadas.

Será que se ele não tivesse a matéria Matemática, sua iniciativa não teria sido frustrada por falta de subsídios? Não parece a você, leitor, que realizar uma ação usando o pensamento e sabendo o que está fazendo seja muito mais digno? Talvez vocês estejam pensando: "Ah, mas as crianças com as quais vocês trabalham não são graves. Algumas até falam..."

Pois, então, vou contar outro caso. Uma outra criança, cujo nome optei por não falar, tem um quadro de autismo que se configura de maneira mais acentuada. É uma criança bastante dispersa, que busca frequentemente o total isolamento. Esta criança, no dia em que vestiu o uniforme da AUMA, igual ao dos seus colegas, demonstrou sua felicidade instantaneamente. Sorriu e gargalhou alto e correu para a frente do espelho, onde passou alguns instantes apalpando seu uniforme. Apesar de todo o seu isolamento, ele foi ou não capaz de perceber-se perante os outros?

□A□O □□□AR □□A□O□

Caio também é uma criança de alto funcionamento. É muito jovem ainda para se detectar sua área vocacional. Não tão jovem, porém, para ser um dos alunos que se destacam – e muito – nas aulas de culinária. Desenvolve esta atividade com total independência, aptidão, agilidade e prazer. Fica muito feliz quando está na cozinha preparando alguma coisa.

Mas Caio também gosta de desenhar e pintar. E os desenhos a seguir são dele:

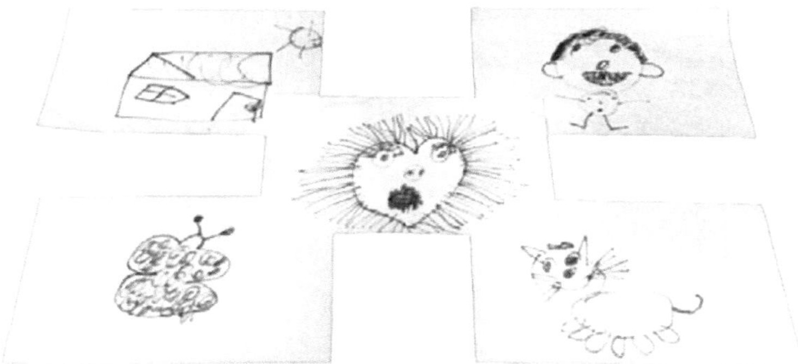

Fig. 52 – Desenhos feitos por criança autista de 6 anos.

I MOSTRA DE ARTE DAS CRIANÇAS DA AUMA

Pintura a dedo, com tinta acrílica em tela, feito por uma criança autista de 8 anos, órfã de mãe desde os 4 anos. O nome do quadro é "Mãe", pois retrata um torso de corpo sugerindo uma gravidez.

I MOSTRA DE ARTE DAS CRIANÇAS DA AUMA

ASSOCIAÇÃO DOS AMIGOS DA CRIANÇA AUTISTA-AUMA

BELAS ARTES

De 16 à 30 de Novembro de 1.999 no
Shopping Eldorado - Rebouças

Fig. 53 – I Mostra de Arte das Crianças da AUMA, uma parceria com a Faculdade de Belas Artes de São Paulo.

Pinturas de tinta acrílica em tela, feitas por crianças autistas. Os quadros superiores da esquerda para a direita são: "Cavalgada" (criança de 8 anos) e "Araras da Amazônia" (criança de 12 anos) Os dois inferiores, da esquerda para a direita são: "Salvem as Baleias" (Criança de 9 anos) e "Dona Gorda" (criança de 8 anos).

Fig. 53-A – I Mostra de Arte das Crianças da AUMA, uma parceria com a Faculdade Belas Artes de São Paulo.

Como disse, poderia passar horas e horas escrevendo sobre os alunos e suas facetas no dia a dia. Entretanto, acredito que estes casos já dão para se ter uma ideia do que estou falando.

Cada progresso, cada resposta positiva é o estímulo para continuar o trabalho, na busca de mudança de mentalidade para a educação de crianças especiais no Brasil e, principalmente, para a mudança de postura em relação aos alunos autistas.

2ª Parte

A FAMÍLIA DA CRIANÇA AUTISTA

APRESENTAÇÃO

Meu principal objetivo ao discorrer sobre este tema é relatar experiências vivenciadas na Associação dos Amigos da Criança Autista – AUMA –, onde as questões a respeito dos sentimentos e emoções da família do autista e sua difícil e conturbada "dinâmica familiar" serão enfocadas de forma prática e direcionadas para a busca de soluções.

Por outro lado, não consigo entender o atendimento à criança autista onde não exista troca constante com a família, que é quem passa a maior parte do tempo com ela, onde a família não esteja orientada sobre como esta criança é educada e cuja família também não receba alguma forma de acompanhamento. Antes, porém, gostaria de fazer uma breve abordagem teórica sobre a família.

Definição: a família é formada por pai, mãe e filhos e é considerada um grupo social. Merece atenção especial porque é o primeiro grupo social do qual fazemos parte e é nela que recebemos e perpetuamos conceitos, valores e acontecimentos que vão permear nossas vidas.

Para avaliar a enorme importância social da família na vida do indivíduo e na sociedade, basta refletir sobre as diversas funções que ela desempenha, tais como a função procriativa, econômica, educativa e emocional.

É importante compreender a família como instituição social significativa até porque o autismo é um distúrbio de desenvolvimento que se caracteriza por um déficit social, onde se observa extrema dificuldade no relacionamento com o próximo, carência de linguagem e alteração de comportamento.

Estas dificuldades de interação, já dentro da própria família, leva-a a experimentar uma sensação de diferença extrema e de completa impotência no que diz respeito a estar participando do meio social e, principalmente, de estar levando valores socioculturais ao seu membro autista.

Capítulo 8

SENTIMENTOS E EMOÇÕES DA FAMÍLIA DO AUTISTA

(Eliana R. Boralli em co-autoria com o Dr. E. Christian Gauderer)

Na Associação dos Amigos da Criança Autista - AUMA -, o atendimento à família passa por diversas etapas. O primeiro contato normalmente é feito por telefone. A família pede algumas informações e solicita uma entrevista. São marcados dia e hora para o atendimento. Este é realizado por mim, assistente social que, durante o atendimento de caso, encaminho para diagnóstico quando este ainda não foi formulado por escrito, ouço e oriento a família e a conduzo para um trabalho de grupo quando este desejo é evidenciado.

A decisão de se encaminhar a família para um grupo de instrumentalização (e não um grupo terapêutico) veio da necessidade que as próprias famílias colocavam durante o atendimento.

A maioria das famílias busca a Associação não só para obter uma vaga para seus filhos autistas, mas principalmente para aprenderem como lidar com eles e como fazer seus filhos se desenvolverem.

O estado emocional com que estas famílias chegam na AUMA é de extrema fragilidade. Um misto de medo, impotência, solidão e revolta torna a primeira entrevista muito delicada e de vital importância para o êxito ou fracasso no direcionamento do atendimento da criança autista e de sua família.

Quando, durante a entrevista, tento conduzir o atendimento para uma abordagem da compreensão de toda aquela angústia, a maioria dos pais se fecha e retruca dizendo que de nada adianta esta compreensão se o motivo causador da angústia não ficar claro. O motivo é exatamente a compreensão do que é o autismo, como ele se manifesta, como lidar com um filho autista para que ele aprenda e, enfim, como viver com um filho autista proporcionando a todos menos sofrimento.

A maioria dos pais sente uma necessidade profunda de conhecerem outros pais e outras crianças autistas. Esta necessidade nasce exatamente do fato de ter experimentado uma sensação de diferença extrema na participação do meio social e por isso querem encontrar o "grupo de iguais". Por essas razões, criei o grupo de instrumentalização de pais sobre o qual falarei mais adiante.

O que descreverei a seguir é a fase inicial de toda uma trajetória que transcorrerá pela vida inteira. Esses primeiros sentimentos e emoções sofrerão modificações e amadurecimento ao longo do tempo. Alguns sentimentos ficarão mais fáceis de serem administrados, outros, nunca.

Na minha experiência com atendimento, a faixa etária das crianças (cujas famílias chegam) é de vital importância para o entendimento do quadro emocional destas no que diz respeito ao autismo.

Em um estudo mais apurado, pude observar que 85% dos pais que vêm até a AUMA têm filhos com idade entre 5 a 8 anos. Período em que as dificuldades das crianças já estão evidentes e também um período cujos pais já estão com a possibilidade de definição do diagnóstico de autismo.

Encontram-se nesta fase em pânico pela inadequação da criança em escolas normais e em luta frenética consigo para a aceitação do diagnóstico e da necessidade de uma orientação adequada.

Dos demais atendimentos, 5% têm filhos com idade entre 2 anos e meio a 4 anos e meio, período em que a negação do diagnóstico é ainda extremamente forte. 5% têm filhos entre 8 a 11 anos e 5% têm filhos de 15 anos em diante.

Seja qual for a idade do filho, o mergulho nesse mar de sentimentos e emoções ao se entrar em contato com a realidade de se ter um filho autista é inevitável. Falarei um pouco, então, a respeito desta fase inicial e desta trajetória.

A maioria dos bebês autistas, bebês que foram esperados e para os quais se fizeram planos e se criaram expectativas, parece perfeitamente normal e é dada como normal ao nascer. Os pais vivem bem por um ou dois anos, durante os quais lentamente torna-se óbvio que seu filho é diferente.

Sei que durante os primeiros meses do bebê é a mãe quem percebe que alguma coisa está errada e aí se instala uma sensação cruel de dúvida, incerteza e indecisão.

É muito doloroso admitir que algo não vai bem e pai e mãe disfarçam e continuam vivendo. Esse tempo todo, os pais estão parcialmente conscientes de que há algum problema. Algumas vezes, sentem uma fisgada aguda de ansiedade quando comparam seu bebê com uma criança normal e, outras vezes, se tranquilizam porque ele parece esperto e inteligente.

Esse longo processo de dúvida, indecisão e insegurança só faz aumentar a dor quando a verdade é conhecida. A resistência dos pais em buscar ajuda, ou seja, o diagnóstico, só é quebrada porque as evidências começam a ficar cada vez maiores à medida que o bebê cresce e porque a família inteira já começou a cobrar a diferença e exige dos pais um posicionamento. A decisão de busca pelo diagnóstico exigiu dos pais a aceitação de que algo está errado e, consequentemente um desgaste psicológico bastante grande.

Na busca pelo diagnóstico, mais uma vez a família é submetida a um stress emocional que muitas vezes desencadeia a fuga e a omissão por parte de algumas famílias. Cada profissional fala uma coisa! Uma lista enorme de consultórios e profissionais é completada e nenhum parecer é coerente um com o outro.

Há um despreparo acadêmico e uma lacuna profunda na formação dos profissionais que atuam na área e um desinteresse por parte da maioria em estar buscando esta formação e, no final, quem acaba sofrendo as consequências são as crianças autistas e as próprias famílias. A criança autista sofre porque, sem o diagnóstico, não há tratamento adequado e consequentemente não há melhora da qualidade de vida. A família sofre porque terá que continuar procurando, vítima de todas as pressões desta procura. A busca pelo diagnóstico é uma caminhada longa e extremamente difícil. Durante a busca, algumas intervenções inadequadas são sugeridas aos pais por profissionais despreparados, aumentando a ansiedade e a desesperança. Se não se sabe o diagnóstico por que então a intervenção?

Na maioria das vezes, quando o profissional ainda não identificou o autismo, é inevitável que a intervenção não tenha sucesso. Qual interesse está em jogo? O da melhora de vida daquele "ser", daquela "pessoa" que se atende ou o retorno financeiro que ela representa? É justo usar e manipular o medo, a insegurança e a indecisão destas famílias em benefício próprio? Por que alguns profissionais até sabem o diagnóstico, mas omitem, ou então não o fazem por escrito? Seria insegurança? Seria falta de responsabilidade e seriedade profissional? Alguns chegam a afirmar que a culpa é da mãe. A mãe que, espontaneamente, já carrega a sensação horrível de culpa, sai de dentro dos consultórios desejando não acordar para um novo dia.

Finalmente o diagnóstico vem e com ele a primeira reação dos pais, a negação.

A família já ouviu falar tanta coisa, mas autismo, isso não! Ninguém planeja ou sonha ter um filho autista:

– Meu filho não é autista!

O profissional que deu o diagnóstico é considerado o responsável e por isso, "culpado". Nele, os pais depositam toda a raiva, a agressão e o sentimento de culpa.

A raiva é a segunda reação frente ao diagnóstico e associada a ela vem a agressão e o sentimento de culpa. A raiva se manifesta de diversas maneiras, desde tirar o filho das mãos deste profissional à revelia, até agredi-lo fisicamente ou com palavras de baixo nível. Fala-se mal desse profissional e louva-se extremamente um profissional anterior, colocando-o nas alturas.

O profissional anterior, desatualizado ou desinformado a respeito do problema do filho, nega o diagnóstico, o que por sua vez alivia os pais e os faz elogiá-lo.

Na verdade, alguns pais buscam o diagnóstico, mas não querem encontrá-lo. Pais e profissionais negam. Parece que o problema está resolvido. O diagnóstico só explode mais tarde.

Aí, este mesmo profissional que foi colocado nas alturas também será menosprezado pelos pais. São formas de agressão inconsciente. Alguns pais negam a vida toda para não encararem a questão de frente, outros negam durante muitos anos. Alguns profissionais negam, porque a sensação de impotência e frustração é muito grande, diante de um diagnóstico para o qual não conseguem promover a cura. E a busca continua...

Às vezes, o profissional nega o diagnóstico e os pais não, mas se sentem atraídos pela boa nova e se deixam seduzir. Na verdade, transfere-se a responsabilidade e pronto: "Afinal, ele é o médico e se ele acha que não..."

Os pais procuram um "milagre", um caminho que ninguém pensou. Quando querem o diagnóstico exato e o profissional nega o problema, é comum os pais mudarem de médico. Nesta fase, entram em uma ciranda como petecas, de mão em mão, atrás de quem lhes diga o que é que o seu filho tem e o que fazer por ele. É um período difícil e sofrido para os pais e para a criança autista.

Todos os pais de filhos com problemas, sem exceção, passam por sentimentos como os de negação, culpa, frustração, medo, impotência, solidão, ressentimento, raiva, rejeição, além de fantasias diversas.

Os pais que têm filhos com problemas sofrem. Isso é inevitável. E sofrem tanto mais quanto maior for a problemática do filho, a dificuldade de tratamento, cronicidade do processo e também quanto maior for o nível de sensibilidade.

Ter uma criança "diferente" gera um sentimento de culpa muito grande nos pais, mesmo que amem seu filho e tenham feito o melhor por ele. Eles se preocupam sobre o que acontecerá quando não estiverem mais vivos para cuidar dele e, também, têm que pensar sobre o efeito da presença desta criança sobre seus irmãos normais. A situação acarreta uma crise grave para qualquer família e inevitavelmente produz problemas emocionais para todos. Toda a dinâmica familiar fica comprometida.

A esposa e/ou o marido passam a projetar um no outro o sentimento de culpa para aliviar a pressão. Os filhos passam a cobrar dos pais maior atenção em contrapartida à atenção dada ao filho deficiente. Alguns avós, tios e primos, se afastam, rejeitando a convivência com um clima tão tenso e sem definição, com o qual não sabem lidar e nem como ajudar. Isto por sua vez lhes produz sofrimento, insegurança e sensação de impotência. Muitos familiares, na tentativa de ajudar, às vezes acabam produzindo mais pressão.

A sociedade, enfim, marginaliza e o preconceito cai como um "chumbo" sobre uma família que já está bastante fragilizada. Às vezes, o preconceito nasce dentro da própria família. Alguns pais de filhos autistas que foram adotados afirmam que a pressão dos familiares e vizinhos é ainda mais forte, porque acreditam que a criança ficou assim – autista – em função do pouco amor dos pais adotivos e da possível falta de afeto, carinho e maus-tratos por parte deles.

O autismo não é muito comum e a maioria das pessoas não sabe nada sobre o assunto, levando os pais a se sentirem muito sós e ignorantes a respeito da condição e o que devam fazer. Muitas são as vezes em que os pais passam por situações difíceis, uma vez que a criança autista parece normal.

As pessoas frequentemente não entendem por que uma criança autista grita, faz escândalo em supermercados se quer alguma coisa e não se pode dar naquela hora, enfim, se comporta mal em público e nessa hora os pais recebem desaprovação e críticas em vez de simpatia e ajuda.

Uma criança com comportamento bastante inapropriado e imprevisível é uma tensão muito maior do que uma criança deficiente, mas que se comporta bem. Noites sem dormir podem se tornar um fardo quase que intolerável nos primeiros anos. As crianças precisam de cuidados constantes e isso requer considerável paciência e habilidade por parte dos pais para garantir que os irmãos e irmãs normais recebam sua parcela de atenção.

Mães de crianças autistas constantemente sentem que não podem visitar outras mães porque seu filho é difícil. Muitas são as famílias que optam pelo "ilhamento" em suas próprias casas, com o objetivo de se pouparem do sofrimento. A pressão é quase insuportável!

Um filho autista exige muita energia da família. E como tudo que é difícil penoso e desgastante para o ser humano, sofre a tendência de ser eliminado, desenvolve-se nos pais a sensação de rejeição: "Quando ele crescer mais um pouco, veremos o que vamos fazer!", "Se não tiver jeito, buscaremos uma internação em uma clínica ótima que ouvi falar!"

Entretanto, esta rejeição vem acompanhada de forte sentimento de culpa. A "culpa" novamente aparece forte e aguda, Os pais passam a se acusar pelo que sentem, pois amam seus filhos.

Na verdade, os pais de filhos autistas ou com qualquer outro problema estão em um constante estado de "luto" pelo filho normal que não tiveram, esperaram, desejaram e que não se materializou.

Este tipo de sensação fica evidente em datas como aniversários, passagens de ano escolar, formaturas, alistamento militar, casamentos etc. Traz também à tona a lembrança e realidade das dificuldades do filho ou do que ele não vai ter. Estas datas podem exacerbar o quadro clínico ou agravar o relacionamento familiar que também pode ser expresso por sintomas físicos.

As queixas de vida aumentam, conflitos com o cônjuge, com os filhos, no trabalho, mau humor, vontade de sumir, bebedeiras etc.

Em meio a tantos sentimentos negativos, surgindo às vezes até sem que se espere e permeando todos os outros sentimentos como um fluído que impede o "choque" total, está a esperança. Um sentimento que se caracteriza fundamentalmente na crença de um futuro, se não melhor, mais fácil de enfrentar.

Na verdade, a esperança nem sempre vem pela melhora do filho, mas por uma crença na maioria das vezes pessoal de que algo pode ser feito. É a esperança que passa a motivar a vida e a busca de soluções. Configuram-se diferentes formas com as quais os pais lidam com este sentimento.

Alguns pais supervalorizam a esperança, perante a qual a melhora de vida do autista deixa de ser o meio de um processo em constante produção e passa a ser um fim hipotético de cura. Outras vezes, vemos a esperança sendo trabalhada de uma forma bastante infantilizada.

Em outras palavras, diante da constatação do diagnóstico cria-se uma esperança, mas no entanto não se definem metas necessárias para a concretização deste sentimento. E durante a primeira frustração retomam sentimentos anteriores e deles surgem uma nova esperança, sem contudo ter a maturidade necessária.

Uma outra forma é a maneira consciente de se lidar com este sentimento, no qual o atributo maior de alimentação da esperança é o entendimento real das potencialidades e limites da criança. Portanto, lida-se aqui com a criança real, que proporciona a este sentimento maiores chances de realização.

Conforme a criança for crescendo e novas necessidades forem surgindo, vai ocorrendo o assentamento de alguns sentimentos e o aparecimento ou reaparecimento de outros. Cada fase do desenvolvimento da criança é um novo desafio.

A busca do diagnóstico é, portanto, a fase inicial de toda a trajetória. Depois vem a busca de uma vaga em escola especializada e, concomitantemente, dificuldades para a opção por um tratamento odontológico adequado, o autista adulto em casa, a busca e a falta de profissionalização etc.

Capítulo 9

A INTENSIDADE DOS SENTIMENTOS

Durante os anos em que atendi famílias, pude observar que a maioria dos pais e, principalmente, a maioria das mães desenvolvem um amor extremado pelo seu filho autista.

Pai e mãe independentemente do filho ter um problema ou não amam a criança e isso faz parte do esperado. Porém, pais de filhos com problemas desenvolvem um sentimento de amor que as palavras jamais seriam capazes de descrever com fidelidade. É algo tão profundo e "doído" que é exatamente esta a palavra que os pais usam:

– Eu amo tanto meu filho, mas tanto, que chega a doer! Você é capaz de entender isso?

Eles me perguntam, como se fosse impossível que outra pessoa os entendesse.

Percebo também que, quando a criança é ainda bem pequena, a intensidade deste "amor-dor" é muito maior. O amor se mistura com forte sentimento de culpa que só amadurece conforme a criança vai crescendo.

Os pais me relatam que, quando olham para seus filhos, tão pequenos, frágeis e indefesos e, ainda por cima autistas, sentem-se extremamente fragilizados também. Não é raro pai e/ou mãe chorarem durante o atendimento. Na verdade, quanto menor a criança maiores são as expectativas e esperanças de cura.

Os pais raciocinam com a "alma" cheia de sonhos e fantasias e se deixam levar por aquela que menos sofrimento lhes causar. Entretanto, conforme a criança vai crescendo e passando por diversas etapas e fases do quadro autístico, todo o processo passa também por um amadurecimento até a tomada de consciência.

Por isso, é muito diferente o quadro emocional de uma "mãe", cujo filho tenha 3 anos e meio, de outra com um filho que tenha 20 anos. O amor desta mãe é o mesmo, mas a sua reação perante o autismo do filho é outra. Mães de filhos mais velhos dizem que o sofrimento pelo qual passaram e passam acaba formando um "calo psicológico".

Na verdade, o que se formou foi a consciência das limitações do filho e uma aceitação da reelaboração de expectativas em relação ao futuro dele.

Gostaria de enfatizar aqui, que isso é o que acontece com a maioria das famílias, pois existem as que reagem de maneiras diversas sobre as quais falarei no capítulo 13, quando abordarei os diferentes tipos de famílias.

Capítulo 10

APÓS UMA CRISE

A crise é uma cena bastante comum no dia a dia de famílias com filhos autistas. Com vários graus de intensidade e configurando-se de diversas maneiras, as crises desencadeiam-se simplesmente porque não se fez o que o autista queria, na hora em que ele queria. Outras vezes, por ter ouvido um barulho, ou pela quebra da rotina, ou porque se pronunciou uma palavra para o qual o autista desenvolveu negativismo e assim por diante. Elas surgem em qualquer lugar e desmontam o equilíbrio da mais estruturada família.

Gritos, choros, beliscões, mordidas, pontapés, tapas, socos, cabeçadas na parede e nos outros, jogar objetos e jogar-se no chão são alguns dos elementos que fazem parte de uma crise.

Nem todos os elementos aparecem no mesmo autista ao mesmo tempo, mas sejam eles quais forem são meios de comunicação inadequados e, quando acontecem, desenvolvem na família uma sensação absurdamente grande de "impotência" e frustração, medo e fracasso. Por mais que me esforce, não encontro palavras que registrem, com fidelidade, a forte emoção pela qual passam os pais durante e depois de uma crise.

Após a crise é necessário um tempo mínimo de meia hora até que a família oriente suas ações novamente. É como se o trem saísse completamente dos trilhos. Perde-se a noção e o rumo das coisas e este misto de sensação de fracasso e impotência vai se adequando até que tudo volte ao "normal".

Também aqui, quanto menor a criança, mais difícil é lidar com os sentimentos após uma crise. Mas, quanto mais velho o autista, mais difícil é administrar sua força física. Seja qual for sua idade, lidar com a crise e com os sentimentos subsequentes dela vai ser sempre um desafio para as famílias.

É importante que os pais tenham consciência de que a crise, por uma razão ou outra, poderá acontecer e que é muito difícil se preparar psicologicamente para ela. No entanto, não se pode permitir que a "crise" seja o elemento desencorajador ou o elemento que provocará desesperança e enfraquecimento.

O trabalho em busca do fortalecimento da comunicação adequada do autista deve continuar sempre, pois só assim ele terá mais chances de desenvolver um nível de compreensão e comunicação que irá aos poucos eliminando ou diminuindo as crises.

Capítulo 11

FAMÍLIAS TRABALHANDO SEUS SENTIMENTOS EM GRUPO DE INSTRUMENTALIZAÇÃO

Já havia dito, no início, que meu objetivo é conduzir as famílias para a compreensão desse conturbado processo pelo qual passam ao mesmo tempo em que soluções práticas são oferecidas.

Cientes do doloroso processo e de suas principais necessidades, direciono na AUMA um trabalho que as atende de imediato. Sendo assim, quando a família já conseguiu quebrar a resistência e buscar o diagnóstico, mas ainda não o obteve por escrito, e nos procura, até porque alguém já o sugeriu oralmente, é feito o encaminhamento a profissionais especializados e sérios, porque eles existem em um número muito restrito, mas existem.

De posse do diagnóstico, a família volta e solicita maiores informações sobre a questão. Aí ela é inserida no grupo de instrumentalização de pais onde participará do curso "Introdução à Questão do Autismo". O trabalho é realizado em grupo com esquema de aulas e debates com os participantes.

Um número menor de pessoas possibilita um enfoque personalizado ao trabalho. Todos os sentimentos e emoções ligados principalmente à fase inicial de todo o processo vêm à tona espontaneamente e, portanto, é preciso que haja tempo hábil para que todos possam falar, trocar experiências, desenvolver ajuda mútua, tirar dúvidas e, nessa medida, tornar o clima do encontro bastante amigável e amistoso.

Os pais estarão juntos por dezesseis horas e terão a oportunidade de contatar com outros pais, além de conhecerem um pouco sobre autismo e aprenderem métodos, formas e regras de ensinamento para a criança. 55% dos atendimentos de caso vão para o grupo. E o porquê 45% destas famílias não participarem será explicado no capítulo 13, quando falarei dos diferentes tipos de famílias e as diferentes soluções para a questão do autismo.

O curso acontece durante 2 dias inteiros, com uma duração de oito horas por dia. No curso, são abordados aspectos teóricos do autismo, como as causas, de que maneira se manifesta, formas de tratamento, enfim, o que é e como lidar com ele.

Faz-se uma abordagem dos vários métodos educacionais utilizados em vários países. Mostra-se vídeo com nossas crianças trabalhando, as planilhas visuais utilizadas e o próprio funcionamento do trabalho, além de introduzir-se aspectos do processo de aprendizado dos filhos autistas.

Os aspectos comportamentais e formas de conduta dos pais, na vida diária com seus filhos autistas também é abordado, através do estudo de um guia prático. No último período do curso, em uma primeira etapa, os pais entram nas salas de aula das crianças da AUMA e interagem com a dinâmica e a sistemática do processo educacional em sala. Na segunda etapa, é feita então uma abordagem dos sentimentos e emoções da família de um autista. É um momento extremamente importante, porque muitos pais se identificam com o processo e descobrir que outras pessoas conhecem "o fato", faz com que fiquem profundamente emocionados podendo até chorar.

Todas as aulas são apostiladas e os pais as recebem a cada dia do curso. É solicitado que as leiam em casa a fim de registrar o que aprenderam naquele dia. Todas as aulas são realizadas em duas partes e há um intervalo para o café. É durante o "café" que os pais formam laços de amizade que, em alguns casos, até extrapolam os limites da Associação e aí passam a se visitar em suas residências, estreitando o relacionamento. Falarei mais sobre isso adiante.

No primeiro dia do curso, quando é feita a abordagem teórica do autismo, o sentimento mais evidenciado pelos pais é o de alívio do sentimento de culpa.

A compreensão, ainda que superficial da questão, produz nos pais uma sensação de alívio muito significativa. O conforto produzido, no entanto, não é definitivo e nem total. Ficam resíduos da culpa. O medo de morrer e a responsabilidade em terem gerado um ser dependente em um País onde a deficiência não é levada a sério são elementos dificílimos de serem trabalhados, quer em um grupo terapêutico, quer em um grupo de instrumentalização. Ainda no primeiro dia, uma outra reação é evidenciada: a quebra da negação.

Quando se expõe sobre os comportamentos e dificuldades dos autistas e se faz a leitura de depoimentos de autistas de alto nível funcional, onde estes colocam seu jeito de ver o mundo e suas sensações, é muito comum os pais localizarem seus filhos dentro deste ou daquele comportamento, dentro desta ou daquela característica e passarem de uma condição de negação total do diagnóstico para a abertura de uma "possibilidade de ser".

A quebra da negação varia de família para família. Algumas conseguem quebrá-la totalmente até o fim dos trabalhos e buscam orientação de um trabalho adequado para autistas, outros, vão negar o diagnóstico a vida toda, porque a dúvida e a indecisão sobre o diagnóstico ainda doem menos do que o diagnóstico de autismo. A dúvida projeta uma ideia do encontro de um diagnóstico para o qual exista cura.

Outras, negam o fato durante anos, até que as evidências e uma sucessão de frustrações em escolas normais e várias formas de tratamento sem retorno acabam por convencê-las. Muitas vezes, elas vão buscar orientação adequada para o autista quando a criança já está com 14 ou 16 anos, quando já é um adolescente e já perdeu muito do que poderia produzir.

São raros os autistas que conseguem passar pelo sistema educacional convencional em escolas públicas, porém, há famílias que conseguem se beneficiar disso, embora o autista pague um preço bem alto pelo benefício do qual a família se utilizou.

Isto, sem dúvida, faz parecer à família que os problemas são menores. Ela passa a negar duramente o esquema de associações e de educação especial para autistas, esquecendo-se de que há autistas de vários graus e que a maioria não se adapta em escolas normais. É importante frisar que a inclusão no Ensino Regular é possível, entretanto uma inclusão séria e criteriosa, onde todos os envolvidos estejam capacitados: Direção, professores, familiares, outros alunos e todo o corpo de atendimento auxiliar da escola e com estruturas técnicas de intervenção bem definidas.

O alívio do sentimento de solidão é outro elemento que consegue bons resultados no grupo de instrumentalização de pais. Durante todo o curso, os pais conversam muito e trocam muitas experiências. Se no grupo há famílias cujos filhos são mais velhos, estes desempenham papel importante na hora da ajuda mútua. Há uma forte identificação dos sentimentos e isto melhora a sensação de solidão.

Algumas famílias chegam a criar laços de amizade e mesmo as que nunca mais se veem, carregam a certeza de que não estão sozinhas, pois não aconteceu só com elas. Mas é interessante que as famílias que geram laços de amizade não o efetuam por muito tempo. Parece que o "encontro do grupo de iguais" as satisfaz a ponto de não precisarem mais do vínculo e do contato frequente.

Sentimentos como rejeição, raiva, projeção de culpa do marido na esposa e vice-versa, tensões diversas etc., ficam muito menores quando se compreende o autista que se tem em casa. Quando o casal faz o curso, os resultados são ainda melhores. Normalmente é a mãe quem participa mas já houve casos em que só o pai participa. Às vezes, quando profissionais de áreas afins procuram a AUMA, solicitando treinamento, são colocados em quantidade de no máximo três no grupo de pais.

A participação de profissionais no grupo tem sido, muito produtiva para os pais, que descobrem que tem muita gente querendo aprender para ajudar seus filhos. Eles são das seguintes áreas: Educacional, Psicológica, Médica, Odontológica, Oftalmológica, Social etc. Sem dúvida, são os próprios profissionais que recebem a maior parcela dessa produtividade porque têm a oportunidade de aprenderem, em um momento único, como funcionam estes pais e qual a melhor forma de abordá-los. Na hora do café, os pais se aproximam deles para trocar informações e os dentistas são sempre muito requisitados.

A reciclagem dos encontros é uma perspectiva de trabalho da AUMA com as famílias, porque sei que a sensação de aceitação vai oscilar de intensidade e grau e haverá recidivas dos outros sentimentos.

Durante os trabalhos, falo enfaticamente a respeito da aceitação da realidade, porém, tirando proveito dela.

Se encararmos os fatos de frente, essa mesma dor será motivo de crescimento emocional e espiritual. Falo de uma aceitação não-entreguista e sem submissão, mas sim de uma aceitação participativa onde os pais devam buscar ajuda profissional especializada, criteriosa, competente, atualizada e séria.

Indico livros, fiz outros cursos e sugiro a troca de experiências entre os pais. Isto evita a repetirão de dificuldades, erros ou problemas. Falo do trabalho da própria Associação, que é um trabalho de pais para outros pais, dando-nos a certeza de coesão e meta e, assim, podendo-se pressionar órgãos governamentais visando o interesse dos autistas.

A vantagem global da participação dos pais nas atividades é que lhes dá a certeza de estarem fazendo algo e não apenas esperando alguém fazer algo por eles. A união deles, em dado momento dos trabalhos, gera uma energia tão forte que acaba conduzindo-os para o encontro da "identidade" perdida nesse penoso processo.

De tudo o que acontece durante os dias de aula – pais que choram, que se ajudam, que têm um comportamento de participação compulsiva com perguntas atrás de perguntas sem nem sequer ouvir as respostas, que se enterram na cadeira e de lá só saem para o café e ir embora, pais que negam, que aceitam, pais que têm participação equilibrada, que fazem depoimentos emocionados etc. –, o que nos fica muito claro e evidente é que um trabalho onde se agrupam pais, que os instrumentalização e os conduz para uma ação participativa, retira-lhes dos ombros a sensação de solidão e, principalmente, a sensação de impotência.

O mais difícil para os pais é reconstruir os sonhos e os planos, reelaborando internamente as expectativas futuras traçadas para seus filhos. Mas até isto acontece quando os pais aceitam seus filhos autistas e compreendem seus limites.

Após um trabalho de instrumentalização, cada família, a seu modo, faz a sua opção pelo trabalho que desenvolverá com seu filho. Esta opção poderá estar ligada à AUMA ou não. O importante é que se sentem fortes e prontos para questionar qualquer manipulação. É como se o filho voltasse a ser deles novamente, porque aprenderam como conduzir daqui para frente o futuro deste filho, na busca de um caminho ideal.

Que fique bem claro que o problema interno das famílias não se resolveu, pois o filho continuará autista a vida toda, e pais de filhos especiais têm inevitavelmente problemas constantes a vida toda. O que muda é a forma como os problemas serão encarados e administrados, o que, sem dúvida nenhuma, melhora toda a "dinâmica familiar".

A minha opção pelo grupo de instrumentalização veio, como já disse, da própria necessidade evidenciada pelas famílias e também porque sabia que todo aquele sofrimento precisava ser abordado não só por razões humanitárias, mas também para que funcionassem melhor como pais de filhos com problemas. Pais que tenham conseguido melhorar seu funcionamento poderão ajudar melhor o seu filho. Se isso não ocorresse, esta criança "diferente" teria pais dificultando ainda mais sua vida. Entretanto, nem todas as famílias conseguem funcionar melhor após um trabalho de instrumentalização, como veremos no capítulo 13, onde falarei de diferentes famílias.

Aí, uma segunda etapa seria o encaminhamento para um trabalho terapêutico, onde questões pessoais fossem abordadas e onde cada membro da família pudesse se desligar do possível fator de conflito, ou seja, o autismo, e passasse para a compreensão de seus próprios problemas e limitações.

Na AUMA, ainda não trabalhamos terapeuticamente, até porque há uma forte resistência por parte das famílias em estarem se submetendo a este tipo de intervenção com alegações do tipo: é muito cara, é demorada, não resolve o problema do meu filho etc. Isso, entretanto, não inviabiliza a possibilidade de dar certo para alguma família e nem nos coloca numa posição contrária à terapia.

Fig. 54 – Grupo de instrumentalização de pais no momento da entrega dos certificados.

Capítulo 12

QUESTÕES COLOCADAS DURANTE O TRABALHO

Além de todos os porquês que surgem - o porquê não falam, o porquê se isolam, o porquê do autismo, causas etc. -, existem algumas perguntas que normalmente acontecem durante a realização dos trabalhos. Aliás, é difícil encontrar um grupo de instrumentalização onde estas perguntas não apareçam.

Elas estão diretamente ligadas à afetividade dos autistas e são as seguintes:

1) Meu filho sabe que nós somos pais dele?

2) Meu filho me ama?

3) Meu filho sabe que nós o amamos?

Nesse momento, lidar com a ansiedade e com a profundidade da pergunta é muito delicado. Até porque a resposta não vai ao encontro do que os pais gostariam de ouvir, ou seja, um SIM.

Mesmo assim, a resposta deve ser tecnicamente correta, porém cuidadosa o suficiente para não ferir a delicadeza daquela emoção.

A resposta é à seguinte: seu filho o aceita como uma pessoa que faz parte da rotina dele, desde que ele nasceu, e sabe registrar suas ações, reações e emoções positivas ou não. Portanto, seu filho o percebe como uma pessoa que lhe proporciona situações seguras e agradáveis se assim o for. O autista ama e sente, porém, de maneira muito diferente da maneira que vocês, pais, amam e também não sabem dar nome ao que estão sentindo. Não se pode querer que o autista entenda o vínculo de paternidade, com autoridade, respeito etc., da maneira como os pais entendem. A elaboração do autista é bem diferente em função da falta de entendimento do social.

Uma outra questão colocada durante o curso é a necessidade de diálogo com o filho autista. Os pais perguntam:

1) Como será que é o mundo interior do meu filho?
2) Será que ele tem sonhos?
3) Quais seriam as suas expectativas de futuro?
4) Nós só temos noção das necessidades imediatas, de um brinquedo de um objeto de estimulação tátil. Será que eles têm fantasias?

É sempre muito difícil orientar pais a respeito da afetividade e da capacidade emocional dos seus filhos. Porém, as respostas têm que ser corretas. Não se pode "camuflar" quando a proposta de trabalho é a realização de um grupo de instrumentalização de pais.

Ainda que isso, em dado momento, provoque raiva nos pais – o que aliás acontece com frequência – até porque os pais querem acreditar que seus filhos funcionam emocional e afetivamente como eles. Mas, no final, os pais acabam admitindo a diferença no sentir.

A questão da sexualidade é sempre levantada também. Percebo que as famílias têm vergonha de ensinar seus filhos neste sentido. Falo de uma masturbação orientada em termos de local, hora, higiene, privacidade e dignidade para os meninos. Sugiro ao pai o ensino da ação masturbatória ao filho e explico a sua importância. Menciono a importância da orientação e independência quando a menina autista menstrua. Nesse momento, os pais preferem ouvir mais e falar bem menos, porém, estimulo o debate, a colocação pessoal dos participantes a respeito do tema, sugiro vídeos educativos e livros.

Lembro aqui, que esta orientação terá que posteriormente receber um enfoque individual à cada família, pois há aquelas famílias (ou algum membro dela) que estão acometidas muitas vezes por disfunções psicológicas, às vezes até psiquiátricas, cuja abordagem de intervenção deverá passar primeiramente pela própria família ou pelo membro dela que estiver acometido. Cada caso é um caso e a intervenção deverá ser sempre absolutamente criteriosa.

Outra questão que sempre é colocada pelos pais é a dificuldade que têm em explicar para os parentes, como os avós, tios e sobrinhos, quem é o seu filho autista. Por que ele age da forma como age e da

necessidade que tanto o filho autista como eles, os seus pais, têm de ser compreendidos e aceitos pelos parentes. Muitas vezes, os pais solicitam à Associação um trabalho dirigido aos avós e aos tios, a fim de se amenizar a pressão que exercem sobre eles. Entretanto, tenho plena consciência da dificuldade em estar trazendo avós, tios e sobrinhos para um trabalho de conscientização, porque o problema não os atinge diretamente e também porque cada um tem os seus próprios problemas e dificuldades.

Muitos casos são colocados pelos pais nessa hora, de situações onde parentes mais distantes estão envolvidos. Citarei alguns:

a) Uma mãe me contou que, quando comunicou a uma tia que ia buscar um dado objeto em sua casa, a tia deu inúmeras desculpas para não recebê-la, de medo que o filho autista fosse junto.

b) Outra mãe me contou que, após o diagnóstico do filho, os presentes dos demais familiares para ele mudaram radicalmente em qualidade e quantidade.
c) Um pai me contou, uma vez, que enquanto seu filho era pequeno e os traços autísticos eram pouco evidentes, ele ainda era convidado para almoços e festas, por parentes e vizinhos. Depois que seu filho cresceu e ficou mais evidente o autismo, nunca mais sua família foi convidada para ocasiões sociais.

Casos como estes sempre surgem nos cursos de pais. A situação parece se repetir em quase todas as famílias. Mas ainda não encontrei uma estratégia eficaz para amenizar a frustração porque, a meu ver, ela teria que passar pela conscientização da população em geral, através de campanhas maciças na mídia, gerando despesas para as quais o nosso governo não está sensibilizado.

Capítulo 13

FAMÍLIAS DIFERENTES E AS DIFERENTES SOLUÇÕES PARA A QUESTÃO DO AUTISMO

No capítulo 11, mencionei que 45% das famílias que recebem o atendimento de caso não fazem a opção para o trabalho de grupo. Por que isto acontece? Acontece porque algumas famílias vêm até a AUMA em busca única e exclusivamente de um lugar para internar seus filhos, ou vêm em busca de um lugar onde possam deixá-lo por algumas horas e durante esse tempo ficar livre dele. Nem todas as famílias querem aprender para ensinar seus filhos autistas. Às vezes, o casal já se separou ou o pai faleceu e a alternativa para a mãe é trabalhar, tendo que arrumar uma vaga para seu filho, seja ela onde for. Às vezes, a mãe faleceu ou contraiu doença que a impossibilitou integralmente de cuidar do filho autista e o pai e/ou os avós não têm disponibilidade para ensiná-lo ou até mesmo ficar com ele.

Quando o pai trabalha e os avós têm muita idade, a alternativa da família é mesmo uma escola de período integral ou a internação. Cada família, dentro de suas possibilidades, suas características quanto à afetividade e dos seus critérios éticos, morais e de valores, faz uma opção e administra a questão do autismo dentro destes critérios e possibilidades.

Há famílias que ignoram o problema a vida inteira com a alegação de que "Deus quis assim!" Outras, buscam desesperadamente um diagnóstico e tratamento. Quando a criança finalmente consegue o diagnóstico, a vaga para o atendimento adequado e começa a mostrar melhoras, os pais a tiram da escola com as alegações mais absurdas possíveis. O mesmo acontece com famílias cujos filhos não estão em escolas, mas estão desenvolvendo um "Projeto Educacional no Lar", sobre o qual falarei amiúde mais adiante. Interrompem os trabalhos mesmo que a criança esteja dando retorno. O que está por trás dessas atitudes?

No primeiro caso, quando a criança já está na escola e começa a dar sinais de recuperação, desenvolve-se em alguns pais a sensação de perda da onipotência. Perda do seu papel de importância. O que ele fará se seu filho melhorar a ponto de não precisar mais dele? Por outro lado, algumas famílias que já apresentam problemas em sua dinâmica, fazem do filho autista o repositório de todos os conflitos. Se o filho melhora, como justificar a continuidade dos problemas e conflitos? Para alguns, o filho autista é um meio de se obter a benevolência e camaradagem dos demais familiares. Se a situação se ameniza, como justificar a "choradeira"? Como lidar com os próprios problemas, uma vez que o autismo do filho ocupava todo este espaço e nem era preciso pensar nisto? É melhor deixar a situação como estava antes, porque pelo menos já se conhece o trajeto e as reações dos outros com relação a eles. Pais de crianças autistas vivem um constante estado de luto, então, alguns nunca estão satisfeitos com qualquer que seja o trabalho. Estão sempre brigando com o médico, ou trocando o terapeuta ou questionando a escola ou criando obstáculos diversos. Alguns pais tornam-se mestres na criação de barreiras e obstáculos para darem continuidade a um trabalho. O que será que está por trás desta atitude? Seria uma Fuga? Há famílias que após uma série de intervenções, que não em associações especializadas, acabam conseguindo resultados até de profissionalização. Outras famílias conseguem que seus filhos cursem escolas normais até uma certa idade, depois buscam oficinas especiais profissionalizantes.

É interessante registrar que a classe social que mais procura o trabalho da Associação é a classe média em toda a sua configuração, ou seja, classe média alta, média e média baixa. 95% do atendimento registrado são da classe média e 5% da classe baixa. A classe de maior poder aquisitivo não procura a Associação.

Dentro de um raciocínio hipotético, posso dizer que a classe menos favorecida não consegue ser atingida pelo pouco que consigo difundir a respeito da questão "autismo", através de jornais, revistas rádio, tv, folhetos, entre outros, até porque suas prioridades são de sobrevivência. Um filho com problemas seria prioridade? O que acontece com crianças que nascem autistas dentro de uma favela? Sinceramente, não sei!

Chegam várias "histórias", mas que de tão dantescas prefiro não acreditar. Muito provavelmente estas crianças não chegam ao diagnóstico e são deixadas à própria sorte.

Fica aqui o meu "registro-protesto" e a sugestão para que autoridades públicas, através das Secretarias do Bem-Estar Social, Família, Saúde e Educação realizem um trabalho de levantamento, encaminhamento diagnóstico e intervenção junto aos autistas de classes sociais menos favorecidas, uma vez que os recursos de que a Associação hoje dispõe mal dão para manter o trabalho que já existe. Com relação à classe alta, chegam algumas informações que algumas famílias buscam recursos no exterior, outras, internam seus filhos em clínicas psiquiátricas de altíssimo nível e outras, ainda, contratam os profissionais para atenderem seus filhos dentro de casa, onde elas permanecem a maior parte do tempo, quando não o tempo todo, às vezes até dentro de um mesmo quarto. O que estaria por trás deste ato de "esconder/ ocultar" os filhos dentro de casa? Vergonha? Preconceito?

Seguindo ainda o raciocínio das diferentes formas que diferentes famílias encontram para administrarem a questão, gostaria de mencionar o quão saudável e produtiva é a ação de pais que se unem fundando associações e desenvolvendo trabalhos em prol de seus filhos e tantas outras crianças autistas.

Fica aqui apenas uma ressalva: que se lute pelo direito dos autistas e que se implante um trabalho sério com bases tecnológicas e científicas, mas sem deixar que isso vire uma "paixão" para a qual se empunhará uma bandeira. Não podemos deixar que a vaidade e o egoísmo ofusquem o brilho da razão e do bom senso.

Capítulo 14

PROJETO EDUCACIONAL NO LAR

Após terminar os trabalhos com o grupo de instrumentalização de pais, percebia um pequeno problema: nem todas as crianças poderiam ser atendidas na AUMA por várias razões:

a) há famílias que moram muito longe da Associação. Chegam de regiões distantes, de cidades do interior e até de outros Estados;

b) algumas crianças ainda não estão na faixa etária para ingressar na AUMA, ou seja, têm 2 anos e meio, às vezes, até menos;

c) algumas crianças têm forte resistência em sair de casa, quebrando a rotina, porque são bem pequenas e, portanto, estão muito ligadas à presença da mãe e aí sequer conseguem entrar na Associação.

Então, o que fazer com elas? Sabia que, se nada fosse feito, aquelas crianças que moram longe e já estão em idade escolar sairiam dali sem um trabalho específico, porque os pais não achariam vagas em escolas públicas. As poucas associações que existem, como a AUMA, estão sempre lotadas e sem vagas. As raríssimas escolas parti es que também existem, muitas vezes em função do alto custo, inviabilizam que um número maior de crianças tenham acesso. Não poderia fechar os olhos e cruzar os braços! Por isso, criei o "Projeto Educacional no Lar".

Tinha plena consciência das limitações com as quais o projeto nasceria, ou seja, estaria instrumentalizando pais para educarem seus filhos em casa e isso, sem dúvida nenhuma, estaria limitando as condições de socialização do autista. Na tentativa de minimizar a questão, orientei os pais a colocarem seus filhos em outras atividades como, por exemplo, a natação.

Um outro limite do projeto era o fato de que nem todas as famílias estariam em condições de aplicá-lo, quer por razões de ordem psicológica, quer por não-disponibilidade de tempo etc.

Entendo que as famílias têm um papel enquanto família, enquanto pai e mãe, e que exercerem também a função de técnicos é extremamente delicado e estressante. Apesar de tudo, não conseguia encontrar uma solução que me impedisse de simplesmente cruzar os braços. Sendo assim, dei continuidade aos planos de implementação do "Projeto Educacional no Lar".

Seu principal objetivo é a descentralização do atendimento e a abertura de oportunidades no que se refere à melhora de qualidade de vida a um número maior de crianças autistas dentro e fora de São Paulo.

Operacionalização do Projeto

O "Projeto Educacional no Lar" é uma iniciativa arrojada e única no Brasil. Sua operacionalização passa por várias etapas, as quais descrevo a seguir.

O fundamental é instrumentalizar o responsável pela criança que, na maioria das vezes, é a mãe para que transmita ao filho as atividades e os conhecimentos tais quais são realizados nas salas de aula da AUMA.

O projeto tem seu passo inicial com a realização de um curso de dezesseis horas de duração, onde são apresentadas questões teóricas e práticas a respeito do autismo, além de constituir um grupo de ajuda mútua, onde os pais trocam experiências e aprendem a lidar melhor com seus próprios medos e preconceitos.

Em seguida, os pais fazem um estágio de quinze dias na Associação com supervisão. Eles aprendem a checar respostas pedagógicas e a fazer relatórios de acompanhamento.

O estágio é um momento mágico para os pais que nunca viram outras crianças autistas. Eles observam e percebem que têm crianças que fazem coisas que seus filhos não fazem e que têm aquelas que não conseguem fazer coisas que seus filhos já fazem.

Normalmente, coloca-se para estagiar mais do que uma mãe e no máximo três, pois uma dá forças para a outra. Após as anotações e observação em sala, elas vão para um outro lugar onde receberão assessoria comigo. As dúvidas são colocadas, são feitos esclarecimentos e existe todo um clima de euforia quando checo as respostas e todas acertam.

As mães são orientadas para que, durante o tempo em que permanecerem em sala de aula, não falem e nem interfiram no andamento normal da escola.

O estágio é altamente estimulante para os pais e é o principal responsável pela perda do medo e da sensação de incapacidade. É durante o estágio, também, que as mães são orientadas quanto ao papel dos pais na função de instrutores, à montagem da sala de aula, materiais pedagógicos e elaboração de estratégias, além de todas as demais adaptações que deverão ser feitas em casa, como a planilha de programação e previsibilidade do dia (ver fig. 55), o programa do ato de se vestir (ver fig. 56), placas indicando a ordem na realização de tarefas, como por exemplo, lavar as mãos, escovar os dentes (ver figs. 57, 58, 59 e 60), banho etc., com uma estrutura baseada totalmente em "dicas visuais".

Paralelamente, a criança passa por uma avaliação quando são verificados os pontos em defasagem e de potencialidade em seu desenvolvimento, para que seja montado um programa personalizado para atendê-la em todos os sentidos. São feitas uma ou duas visitas domiciliares para checar a instalação da sala, os materiais e dar as últimas orientações.

Projeto em andamento, há uma assessoria semanal, quando são avaliados os resultados obtidos durante a semana e planejada a semana seguinte. Semestralmente há gráficos computadorizados que dão uma visão do nível de rendimento das crianças por área. O projeto contempla todos os aspectos pedagógicos do desenvolvimento infantil, isto é, a grade curricular se apóia nos dois planos de ensino citados no capítulo 4, além de receber as devidas adaptações de atividades de vida diária que objetivam a independência nas tarefas domésticas.

No "Projeto Educacional no Lar", as atividades desenvolvem-se em tempo adequado à idade e limite da criança e as aulas são interrompidas nos períodos de férias, domingos e feriados, exatamente como acontece na AUMA.

No caso de famílias que moram fora da cidade, o responsável envia para a Associação o relatório semanal e recebe a planilha via fax, além de manter contato telefônico no dia e na hora marcados para o seu atendimento.

É importante que, de tempos em tempos, que serão combinados com quem orienta o projeto na AUMA, se faça um contato pessoalmente. Se a família for de outro Estado e o contato pessoal for semestral ou anual, a cada dois meses deverá ser enviada uma fita de vídeo onde será possível observar o trabalho da mãe com o filho autista. O mesmo acontecerá se a família for do interior.

Alternativas: No caso de os pais não se sentirem aptos a desenvolverem o trabalho pedagógico com a criança, pode-se contratar um profissional para a tarefa, desde que o mesmo não efetue mudanças no programa. O planejamento é feito em cima do que ocorreu durante a semana, exatamente para que não haja defasagem entre o dia a dia da criança e a intervenção pedagógica. Quando é a própria mãe que realiza o projeto, ela deve ter consciência da importância de ser totalmente fiel em suas respostas, porque é sobre elas que será traçada a programação de seu filho.

Com relação à montagem da sala de aula, embora seja idêntica à existente na AUMA, podem-se trocar alguns materiais com o objetivo de baratear seu custo. Os resultados obtidos pelas crianças que participam do projeto são tão positivos quanto os das que frequentam as aulas na AUMA.

A Sala

A sala de aula é um local reservado na casa, unicamente para esta finalidade, pois o autista possui uma grande necessidade de organização. Na AUMA, há várias mesas de várias cores, mas no "Projeto Educacional no Lar" há apenas uma mesa branca, com capas de plástico de cores diferentes, de acordo com o tipo de trabalho desenvolvido.

"Projeto Educacional no Lar" para Crianças de 2 anos e meio a 3 anos e meio

Para crianças com idade que variam entre 2 anos e meio até 3 anos e meio não é implantada a sala de aula. É feita a orientação através das "dicas visuais" com a estruturação e previsibilidade do dia e planilha de se vestir. É feita a orientação quanto à retirada das fraldas e utilização do banheiro ou "piniquinho", o alimentar-se sozinha, trabalho de nomeação dos objetos, entre outros.

O PAPEL DOS PAIS NA FUNÇÃO DE INSTRUTORES

O maior desafio que enfrento ao implantar o "Projeto Educacional no Lar" é o da interpretação para a família do papel dos pais na função de instrutores. Nesse sentido, o processo pelo qual os pais passam durante a implantação do projeto, ou seja, o curso, o estágio, a montagem assessorada da sala etc., tem sido um grande aliado para os familiares, na medida em que lhes permite compreender os limites e as potencialidades dos seus filhos. Os pais devem efetivamente acreditarem em seus filhos, porque as crianças são capazes de perceber esta atitude por parte dos seus pais. Entretanto, é fundamental que os pais aprendam a dominar a ansiedade quanto à obtenção de resultados, porque estes de maneira geral e global só se apresentam em um tempo mínimo de seis meses e isso varia de criança para criança.

A ansiedade dos pais, se não for dominada e bem trabalhada, acabará pressionando a criança que se sentirá cobrada e, consequentemente, se desestruturará. Por isso, durante a realização do estágio, mais especificamente na hora da assessoria fora da sala de aula, enfatizo para os pais que eles nunca deixarão de ser pais. Estarão apenas acumulando também a função de instrutores.

É importante que eles não se tornem "chatos". Haverá a hora para o trabalho pedagógico, para a orientação e o ensino, mas o resto do tempo eles devem ser apenas "pais".

É fundamental que fique bem claro para os pais que tanto para eles quanto para a criança o vínculo que impera na relação deles na hora do trabalho é a de pai/mãe e filho e não de instrutor e aluno.

O fato de se encontrarem em uma situação pedagógica não muda o vínculo emocional e principal que os une e este é muito diferente do vínculo de um profissional com seu aluno. Sendo assim, muitas vezes as crianças passam a desafiar seus pais quanto à imposição de certos limites, através de apelos puramente emocionais. Por outro lado, a confiança e segurança existentes entre pais e filhos faz com que o projeto se inicie um estágio à frente.

Trabalhos realizados com profissionais precisam de um tempo de relação entre instrutor e aluno para que haja a formação do vínculo, da segurança e da confiabilidade.

Portanto, o papel dos pais na função de instrutores não se altera. O vínculo afetivo é imperativo! Para facilitar para os pais esta vivência é que os instrumentalizo, dando-lhes a oportunidade de compreender o autismo dentro de um raciocínio mais técnico.

A partir do momento em que os pais passam a compreender o processo de aprendizado dos seus filhos, o porquê de vários comportamentos, limites e potencialidades, e outras questões que envolvem o autismo, sentem-se mais seguros para intervir. Tudo isso melhora muito a dinâmica da família o que, por sua vez, repercute num favorecimento do aprendizado e desenvolvimento das crianças autistas que, na maioria das vezes, deixam de ser subestimadas ou superestimadas. Portanto, minha experiência com o "Projeto Educacional no Lar" mostra que todo este trabalho de instrumentalização de pais acaba por refletir de maneira muito mais ampla, indo além dos momentos vividos em sala de aula o que, sem dúvida nenhuma, melhora a qualidade de vida de toda a família e, principalmente, a qualidade de vida do autista, meu objetivo fundamental.

Conclusão

O "Projeto Educacional no Lar" é efetivamente uma iniciativa arrojada e de difícil administração tanto para quem o orienta na AUMA quanto para quem o executa, ou seja, os pais.

Lidar com todas as intercorrências que dele derivam é, no mínimo, um trabalho audacioso. Entretanto, os resultados para as crianças são efetivos!

É um projeto que nasceu em março de 1993 e a primeira criança a se beneficiar dele iniciou os trabalhos em agosto do mesmo ano. Em decorrência de sua característica, algumas adaptações já foram feitas e a estipulação de um regulamento de funcionamento foi uma delas. Durante esse tempo, vários projetos foram executados e alguns pais, inclusive, adquiriram auto-suficiência.

Seja qual for o futuro do "Projeto Educacional no Lar", de uma coisa posso ter certeza: todas as crianças que dele se beneficiaram e se beneficiam, apresentaram melhoras e aquisições e todos os pais que dele fizeram e fazem parte, adquiriram mais segurança, sentiram-se mais fortes e, principalmente, menos impotentes.

Planilhas

A planilha de previsibilidade e estruturação do dia (ver fig. 58), como o próprio nome já diz, estrutura e prevê o dia dos alunos, tanto na escola quanto no lar, proporcionando-lhes muita segurança e organização em relação às atividades que vão realizar. A planilha trabalha também dois aspectos de difícil compreensão para os autistas: o tempo e o espaço.

O tempo é trabalhado na medida em que se faz uma atividade após a outra e, quando não há mais cartões indicando uma outra atividade, é porque:

a) Se estiver na escola, chegou a hora de ir embora.

b) Se estiver no lar, é hora de ir dormir.

O espaço é trabalhado na medida em que o cartão orienta "onde" a criança vai desenvolver aquela atividade.

Dois outros pontos são também trabalhados pela planilha e têm fundamental importância na vida de crianças autistas. São eles: a comunicação e a independência.

Ainda com relação às planilhas, gostaria de lembrar que:

A) Há algumas crianças que reagem com negatividade ao verem a planilha do lar montada para o dia inteiro. Nesses casos, orienta-se montar a planilha em duas etapas, o período da manhã e o período da tarde. Porém, o período da tarde deverá ser montado abaixo dos espaços que já foram utilizados no período da manhã, para dar à criança a ideia concreta de passagem do tempo.

b) Algumas crianças não conseguem acompanhar as "dicas visuais" através de desenhos, nesses casos a foto é mais eficiente.

c) Algumas crianças autistas não conseguem entender a "dica visual" nem com desenho, nem com fotos. Assim, orienta-se usar alguns objetos no concreto colado no cartão ou o próprio objeto como "dica".

Existem crianças que precisam de ajuda mais efetiva para entenderem a passagem do tempo (uma vez que o raciocínio sequencial dos fatos e eventos e a passagem do tempo parecem estar muito prejudicados nos autistas). Nesses casos, o calendário é uma boa alternativa.

O calendário da figura 58 é próprio para crianças com maior dificuldade motora, pois o número do dia não precisará ser riscado e sim circundado com um imã (a ação do imã se dá pela colocação de uma placa de material galvanizado atrás do papel, presa na madeira do calendário).

Os sábados e domingos terão cores diferentes. Os sábados são azuis, os domingos vermelhos e nos feriados o número não é pintado. Seguindo o processo associativo de aprendizado dos autistas, a planilha de previsibilidade do dia, que fica ao lado do calendário, também terá suas figuras em azul no sábado e vermelho no domingo. Todo o processo associativo poderá ser reforçado, associando-se o mês a uma figura específica, ou seja, abril é o mês da Páscoa, maio é o mês das mães, e assim por diante, até dezembro, Natal.

Obs.: Os cartões são fixados nas planilhas com velcro (quiclo).

Fig. 55 – Planilha de previsibilidade e estruturação do dia (no lar) e calendário.

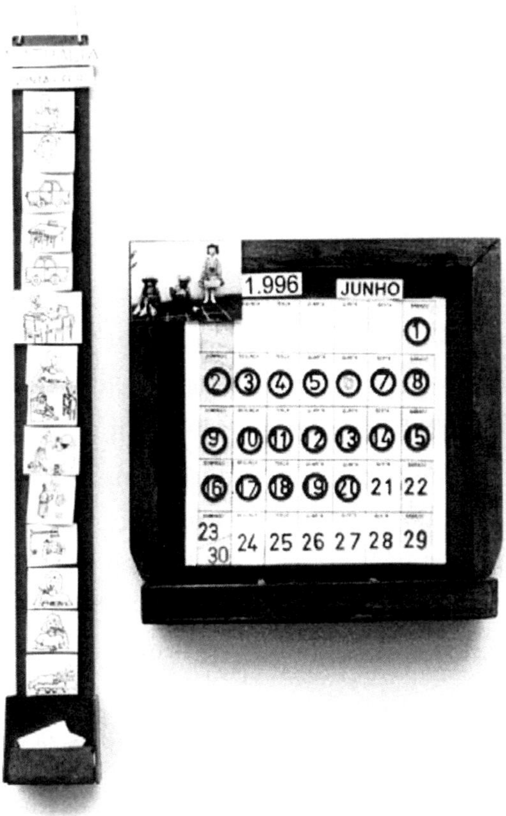

Fig. 56 – Planilha do ato de se vestir.

A planilha do ato de se vestir (ver fig. 59) auxilia e muito a criança autista a se orientar quanto à ordem das roupas que ela vai vestir e, principalmente, quanto à sua independência.

A aplicabilidade desta planilha segue as três etapas do processo de aquisição dos autistas (ver capítulo 1), ou seja, primeiro apresentase a figura da roupa que a criança vai vestir, retirando-a da planilha, associando-a à roupa no concreto, colocando a figura na caixinha e vestindo a roupa na criança. Para cada peça de roupa que a criança for vestir o processo é o mesmo. Com o tempo a criança vai adquirindo independência, não precisando mais de ajuda física para vestir as roupas e até mesmo a planilha não será mais necessária, pois a criança acaba aprendendo a ordem das roupas que vai vestir. Esta planilha deverá ter as figuras das roupas que a criança gosta e tem.

Placa de Ações

As placas de orientação visual quanto à sequência de ações em atividades de vida diária e subsistência são extremamente importantes.

Isso porque alguns autistas até têm iniciativa para começarem uma ação, mas param no meio da atividade por não saberem o que fazer depois. A placa então faz esta função. Ela dá a "dica visual" da sequência da atividade, o que por sua vez propicia a independência.

Inicialmente, a pessoa que vai ensinar a criança interpreta cada desenho da placa, buscando a atenção da criança para o desenho (atenção conjunta). Depois, com o passar do tempo, a própria criança busca a informação da placa.

As atividades de vida diária como banho (ver fig. 60), lavar as mãos e escovar os dentes (ver figuras n° 61, 62, 63 e 64) podem ficar em placas fixas.

Na placa do banho, só a figura de lavar os cabelos é com velcro, pois algumas pessoas não lavam os cabelos todos os dias. Então a figura só é colocada na placa quando vai haver a atividade de se lavar os cabelos.

Nas atividades de subsistência – aula de culinária, por exemplo – a sequência das ações e objetos utilizados é longa, então, as informações visuais são dadas através de cartões individuais, que são montados na sequência correta na hora da realização da atividade e virados para baixo após usados.

Todo o processo visual oferecido à criança autista deve propiciar-lhe iniciativa, desenvoltura e independência, mas isso não significa que não tenhamos que conversar com ela.

Não se pode esquecer que o nosso aluno é antes de tudo uma "pessoa"!

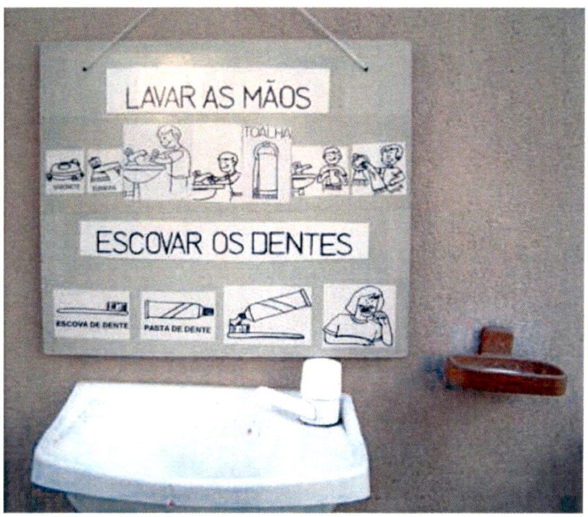

Fig. 57 – Lavabo com placa de orientação

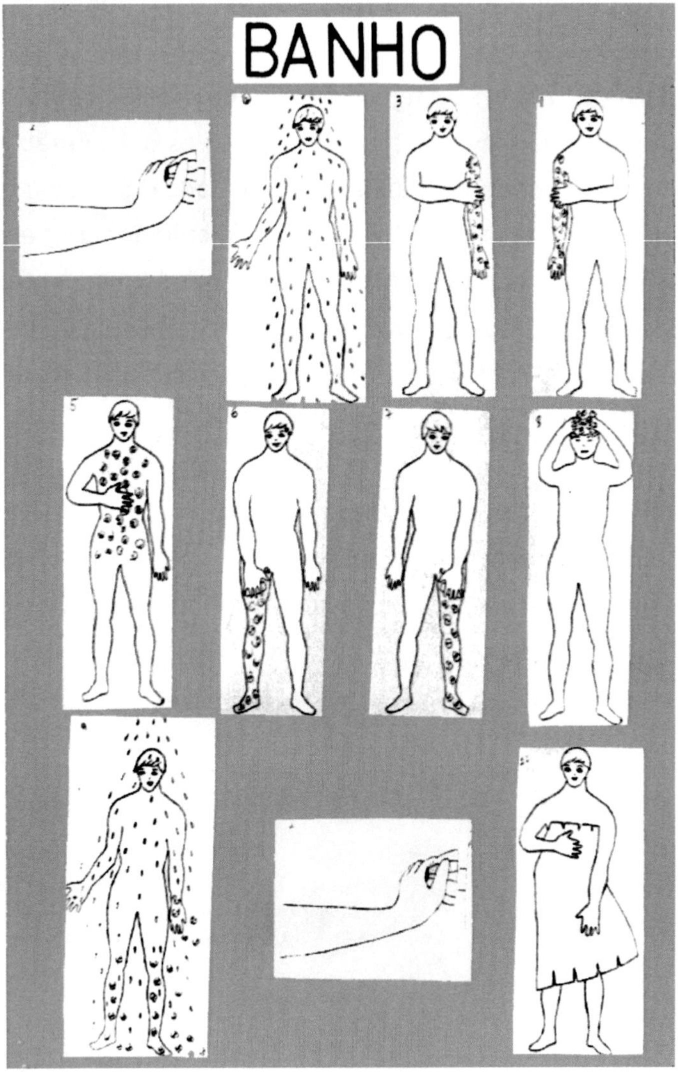

Fig. 58 – Placa de banho.

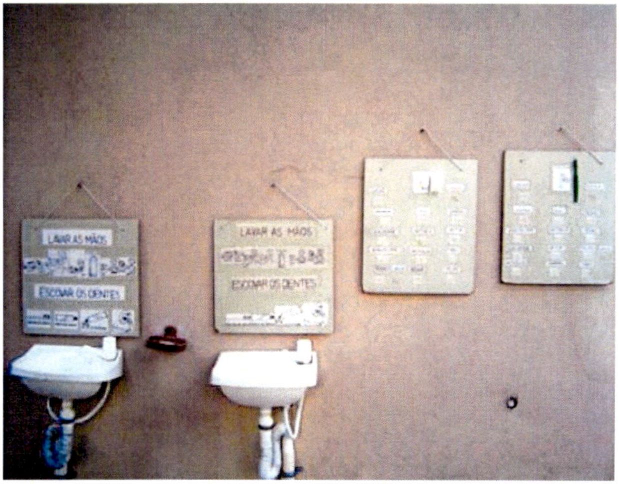

Fig. 59 – Lavabos com Placas de lavar as mãos e escovar os dentes e locais de bater o ponto.

Fig. 60 – Placa de lavar as mãos e escovar os dentes.

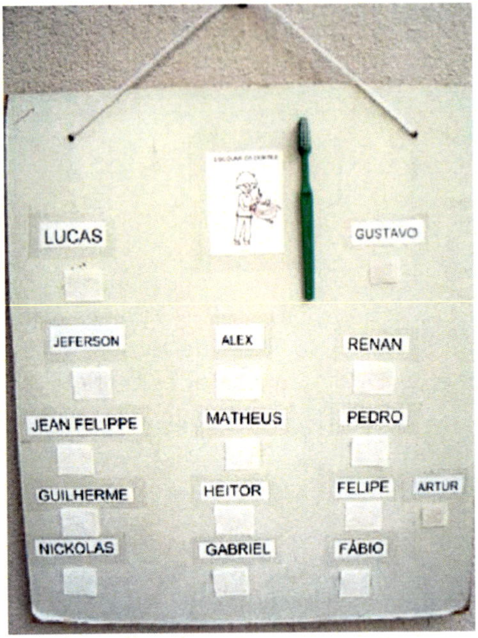

Fig. 61 – Placa de "bater o ponto" na atividade de escovar os dentes. Após retirar o cartão de escovar os dentes do programa de previsibilidade do dia, a criança "bate o ponto" em seu nome, na placa respectiva.

"Não tem mais dor!"

Dra. Helena Kroll Miranda
Cirurgiã-Dentista Clínica Geral
CRO/SP: 90.145
drahelenakroll@hotmail.com

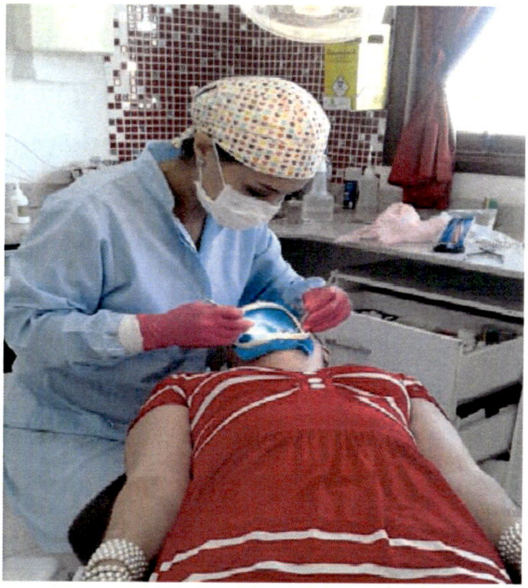

Fig 62 Dra. Helena e Nathália
Foto: Eliana Boralli

Quando a Eliana me sugeriu escrever este capítulo, fiquei imensamente honrada e ao mesmo tempo apreensiva. Apesar de ter feito seu curso não conheço com profundidade a respeito do TEA e por isso preocupou-me falar do tratamento odontológico em pacientes autistas.

Resolvi então, relatar minha experiência com sua filha Nathália.

No ano de 2008, chego a um consultório onde trabalhava na época exercendo apenas a especialidade de endodontia (tratamento de canal), e minha colega me perguntou se eu atenderia uma paciente especial.

Respondi como de costume, como quando me pedem para atender crianças, pois não sou especialista:

— "Posso tentar, se ela deixar atendo sim!"

E chegou o dia em que a Eliana me apresentou a Nathália, sua filha.

Ela, a Eliana, me deu um breve relato a respeito do Transtorno o qual sua filha era portadora e mencionou suas limitações, como por exemplo, algumas palavras que ela não gostava de ouvir e poderia entrar em crise, e quanto ao tempo que ela tolerava de consulta.

Nos primeiros atendimentos, realizávamos consultas breves de 30 minutos, mas sempre com o tratamento seguindo todos os protocolos dentro da odontologia.

Durante as consultas, havia o apoio físico da mãe, que se sentava nos pés da cadeira e segurava suas mãos, não com a intenção de conter (segurar), mas para que ela se sentisse segura. Este apoio é muito importante, pois dentro do consultório há muitas situações que causam desconforto (barulhos, odores, etc.), e sem contar na quebra da rotina, ambiente novo e pessoas novas.

Surpreendentemente, ela tolerava bem e me dava menos trabalho que um paciente típico, e aos poucos fui aprendendo a identificar suas queixas e aumentar o tempo de tratamento respeitando sempre seu limite. Vale dizer que Nathália era um caso específico, que já veio trabalhada por outro profissional, e que a sua evolução de aprendizagem favorecia muito.

O condicionamento odontológico para o atendimento odontológico, é um procedimento geralmente realizado com crianças, pacientes especiais e também no tratamento de pessoas com pânico.

Este procedimento nos ajuda a interagir com o paciente e o paciente passa a se sentir mais seguro e confortável na consulta com o dentista. Ele consiste basicamente no conhecimento, tanto para o dentista em relação ao seu paciente, quanto para o paciente, que neste caso conhece o ambiente, objetos, até mesmo cheiros e sabores, pois pacientes com TEA às vezes são muito sensíveis a essas situações. É realizado com consultas curtas, e com bastante previsibilidade, explicamos e mostramos os objetos que serão empregados na consulta, acionamos sprays de ar e água nas mãos e numa situação mais adiante, acionamos o alta-rotação (motorzinho), para que o paciente se habitue ao barulho.

Uma curiosidade, é que para a Nathália, o barulho do sugador a incomodava muito mais que o motorzinho. Não há uma quantidade certa de consultas de condicionamento odontológico e dessensibilização, ela depende da evolução de cada um.

E como foi dito, a Nathália precisou de pouco tempo de condicionamento odontológico. O fizemos durante as consultas mesmo, que se iniciaram num período de 30 minutos.

Lembro-me de perguntar se a Nathália gostava de música, pois eu mantinha música ambiente no consultório. Até que ela foi se habituando comigo, com os procedimentos e hoje, já tolera uma consulta de 1 hora, e não precisa mais do apoio físico de sua mãe durante sua permanência na cadeira odontológica.

Um fato que considero importante ressaltar, é a previsibilidade dos acontecimentos. A Nathália sempre soube a sequência no dia do seu atendimento e também durante sua permanência no consultório: "Chega, senta, trata (e também o discorrer do tratamento como abrir a boca, limpar a cárie, colocar a resina e a luz, e até mesmo a quantidade de apitos que o aparelho de luz emitiria) e pôde sempre assim entender o quanto ela permaneceria na consulta. Outro aspecto também importante é o reforço positivo. Sempre que eu pedia que ela colaborasse e abrisse a boca (ela dizia "Aaaaaaa") eu a elogiava e agradecia por estar colaborando. Acredito que isso a encorajava a colaborar cada vez mais na consulta.

Pelo fato dos pacientes com TEA serem bastante visuais, sempre mostrei os instrumentos aplicados na consulta, até mesmo a anestesia, pois assim ela sabia que naquele momento sentiria o desconforto da picada, não se assustaria podendo desencadear uma crise, e que isso seria breve e logo ela dizia "Ta esquisito", quando já sentia a região anestesiada.

Pude aprender durante essa experiência, a ver ainda mais o paciente como um todo, não só observando sua queixa odontológica. Mesmo por que, muitas vezes o paciente não consegue identificar a região ou não sabe se expressar explicando o que está acontecendo. Nesta situação é importante avaliar também o comportamento, o que os familiares relatam e por fim, realizar o exame na cavidade oral.

Hoje me envaideço em dizer que estabeleci um vínculo muito maior do que de profissional-paciente nesta situação.

Talvez a responsável por tudo seja a própria evolução da Nathália, que em uma das consultas, me interrompeu quando conversava com sua mãe a respeito de Amor. Ela me pediu insistentemente que eu a beijasse, e claro que atendi, e notei lágrimas nos olhos da Eliana, que somente sorriu e me disse "Ela te ama!"

Sem entender muito bem, acreditei ser apenas um momento emotivo. Após algum tempo, compareci a uma das aulas do curso que a Eliana realiza na AUMA (Autismo, das questões teóricas à prática), e na aula que explicava os sentidos, e como um autista entendia o amor. Explicou que todos nós quando fechamos nossos olhos e ouvimos a palavra casa, visualizamos o objeto assim como o autista, mas a palavra amor associamos ao sentimento, coisa que o autista aprende a associar sempre a alguma coisa, como beijar, abraçar etc. E foi aí que ela se dirigiu a mim e repetiu "Ela te ama, viu que ela sabe que te ama?". E fui às lágrimas.

Finalizo explicando o título deste capítulo, que foi mais um episódio do consultório, em que a Nathália apresentava muita dor, e em consequência estava muito agitada e irritada. Após o diagnóstico e eliminação do quadro doloroso, ela se levantou, colocou as duas mãozinhas no meu rosto, me olhou nos olhos e disse sorrindo "Não tem mais dor!", e saiu como de praxe sorrindo e dançando.

Dra. Helena Kroll Miranda

Homenagem Banco Bamerindus

"Gente Que Faz"

Fig. 63 – No dia 13 de julho de 1996, o Brasil assistiu pela Rede Globo de Televisão a história de Eliana Rodrigues Boralli, um exemplo de coragem, força de vontade e iniciativa. O Brasil se faz com pessoas assim, com "gente que faz".

SOBRE A AUTORA

Especialista em Psicomotricidade, uma área da Saúde, é também Assistente Social formada pela Faculdade Paulista de Serviço Social, atuou na área empresarial durante muitos anos, onde desenvolveu inúmeros trabalhos, sendo o "alcoolismo" uma de suas opções mais marcantes, tendo inclusive publicado em co-autoria um livro sobre o tema: "Alcoolismo, um problema com o qual muitos convivem, porém poucos conhecem".

Formada também em psicodrama pedagógico pela O.P.P. Alícia Romana e em Pedagogia Waldorf, sempre acreditou na participação efetiva do homem no meio social como agente e construtor de sua própria história.

Tendo se tornado mãe de uma criança autista, empregou todos os seus conhecimentos e formação em benefício desta causa, fundando a Associação dos Amigos da Criança Autista – AUMA.

Na AUMA e na comunidade, realiza cursos, palestras, dá orientação familiar, orientação a estudantes e outros profissionais, além de divulgar o autismo nos diversos veículos da mídia. Na AUMA, implantou e até hoje dirige os trabalhos.

Tornou-se pioneira na capacitação de profissionais de redes públicas e privadas de Educação e Saúde, Estaduais e Municipais do nosso país, objetivando a inclusão de pessoas com Transtorno do Espectro Autista. Em 2018 Tornou-se Mestre em Educação pela PUC-SP.

Fig. 64 – Eliana Rodrigues Boralli Mota e sua filha Nathália Boralli Lopes.

REFERÊNCIAS

ABRA – Associação Brasileira de Autismo – Autismo: *política nacional de atenção à pessoa portadora da síndrome,* com o apoio da CORDE – Coordenadoria Nacional para Integração da Pessoa Portadora de Deficiência, D. Federal, 1991.

AMERICAN PSYCHIATRIC ASSOCIATION. **Manual Diagnóstico e Estatístico de Transtornos Mentais – DSM-5**. 5ª. Ed. Porto Alegre: Artmed, 2014, p.50-51.

ASSUMPÇÃO JÚNIOR, Francisco Batista – *Transtornos Invasivos do Desenvolvimento Infantil,* Lemos Editorial, São Paulo, 1997.

BRAND, Caroline Von Heyde – *A natureza anímica da criança,* Ed. Antoprosófica, 2ª ed. rev. São Paulo, 1991.

C.A.R.S – *The childhood autism rating scale practice tape in using the* C.A.R.S., baseado em material traduzido por Ana Maria S.R. de Mello, Marialice de Castro Vatavuck e Samuel Rocha de Mello, São Paulo, 1998.

CID-10 – Classificação de Transtornos Mentais e de Comportamento da CID-10: Descrições Clínicas e Diretrizes Diagnósticas – Coord. Organiz. Mund.da Saúde; trad. Dorgival Caetano, Porto Alegre: Artes Médicas, 1993.

COHEN, Dr. Simon Baron e BOLTON, Dr. Patrick – *Autism the facts,* Oxford University Press, Inglaterra, 1991.

DOMAN, Dr. Glenn, *O que fazer pela criança de cérebro lesado,* Ed. Gráfica Auriverde Ltda., 4ª edição, RJ, 1989.

DSM-IV – Manual diagnóstico e estatístico de transtornos mentais. trad. Dayse Batista; – 4. ed. – Porto Alegre: Artes Médicas, 1995.

FAZENDA, I. C. A. **Interdisciplinaridade: história, teoria e pesquisa**. 7. ed. Campinas, SP: Papirus, 2001.

FAZENDA, I. C. A. **Dicionário em construção:** interdisciplinaridade. 2. ed. São Paulo: Cortez Editora, 2002

GAUDERER, Dr. E. Christian – *Autismo década de 80. Uma atualização para os que atuam na área: do especialista aos pais,* Ed. Almed., 2ª edição, S. Paulo, 1987.

GAUDERER, Dr. E. Christian – *Autismo e outros atrasos do desenvolvimento. Uma atualização para os que atuam na* área: *do especialista aos pais,* Ministério do Bem

-Estar Social, CORDE – Coordenadoria Nacional para Integração da Pessoa Portadora de Deficiência, DF, 1993.

GAVALDON, Luiza Laforgia – Alfabetização e Construtivismo: a teoria, o resgate, EDICON, 2ª ed., São Paulo, 2005.

KADLEC, Verena Pámela Seidl e GLAT, Rosana – *A criança e suas deficiências, métodos e* técnicas *de atuação psicopedagógicas,* Ed. Livraria Agir Editora, Rio de Janeiro, 1989.

KITAHARA, Kiyo – *A method of educating autistic children, daily life therapy, record of actual education at Musashino Higashi,* Gakuen School, Japan, Boston, Volumes I, II e III, 1984.

KONIC, Karl – *Os três primeiros anos da criança, a conquista do andar, do falar e do pensar e o desenvolvimento dos três sentidos superiores,* Ed. Antroposófica, 2ª edição ver., São Paulo, 1995.

PEETERS, Theo – *Autismo: Entendimento Teórico e Intervenção Educacional,* Editora Cultura Médica, Rio de Janeiro, 1998.

SACKS, Dr. Oliver – *Um antropólogo em Marte,* Ed. Schwarcz Ltda., São Paulo, 1995.

SCHOPLER, Dr. Eric e REICHLER, Dr. Robert Jay – *Individualized assessment and treatment for autistic and developementally disable children,* Baltimore, University Park Press, 1980.

SCHWARTZMAN, Dr. José Salomão e Assunpção Júnior, Dr. Francisco Baptista e colaboradores – *Autismo Infantil,* Ed. Memnon, São Paulo, 1995.

STEINER, Rudolf – *A filosofia da liberdade,* Ed. Antroposófica, 2ª edição, São Paulo, 1988.

TAMMET, D. **Nascido em um dia azul**. São Paulo: Intrínseca, 2007.

YAARI, J. D. **Os doze sentidos**. São Paulo: Antroposófica, 1994.

YAARI, J. D. **Os doze sentidos e a metamorfose da psique**. São Paulo: Hermes, 1991.

YAARI, J. D. **Os doze sentidos o sentido vital e o sentido da vida**. São Paulo: Prolibera, 2011.

YARED, I. **Prática educativa interdisciplinar:** limites e possibilidades na reverberação de um sonho.Bauru/SP: Joarte Gráfica e Editora, 2013, p.32.

TAMMET, D. **Nascido em um dia azul**. São Paulo: Intrínseca, 2007.

YAARI, J. D. **Os doze sentidos**. São Paulo: Antroposófica, 1994.

YAARI, J. D. **Os doze sentidos e a metamorfose da psique**. São Paulo: Hermes, 1991.

YAARI, J. D. **Os doze sentidos o sentido vital e o sentido da vida**. São Paulo: Prolibera, 2011.

YARED, I. **Prática educativa interdisciplinar:** limites e possibilidades na reverberação de um sonho.Bauru/SP: Joarte Gráfica e Editora, 2013, p.32.